Monika Helfer Vati

Roman
Carl Hanser Verlag

1. Auflage 2021

ISBN 978-3-446-26917-0
© 2021 Carl Hanser Verlag GmbH & Co. KG, München
Umschlag: Peter-Andreas Hassiepen, München
Motiv: © Gerhard Richter 2020 (0161)
Satz im Verlag
Druck und Bindung: Friedrich Pustet, Regensburg
Printed in Germany

MIX
Papier aus verantwortungsvollen Quellen
FSC® C014889

für meine Bagage

Wir sagten Vati. Er wollte es so. Er meinte, es klinge modern. Er wollte vor uns und durch uns einen Mann erfinden, der in die neue Zeit hineinpasste. An dem eine andere Vergangenheit abzulesen wäre. Untertags und auch nachts denk ich an ihn, wie er da in seinem Lehnstuhl sitzt unter der Stehlampe, rundum die eigenen Kinder und fremde, zum Beispiel die vom Erdgeschoss. Ihr Ball rollt um seine Füße, unter den Stuhl, ihn schreckt es nicht. Er liest.

Auf der Fotografie, die ich über meinen Schreibtisch an die Wand geheftet habe, steht er links, abseits. Er sieht aus, als gehöre er nicht dazu. Auf allen anderen Bildern, die mir meine Stiefmutter gezeigt hat, steht unser Vater mitten unter den Leuten, unsere richtige Mutter an seiner Seite, so gehörte es sich, er war der Verwalter des Kriegsopfererholungsheims auf der Tschengla, 1220 Meter über dem Meer, der Gastgeber, auf den meisten Bildern lächelt er. Auf dem Bild über meinem Schreibtisch nicht. Meine Schwester Gretel und ich stehen vorne bei unserer Mutter, sie hat ihre Hände auf unsere Schultern gelegt. Niemand würde vermuten, der links auf der Seite ist unser Vater. Er sieht aus wie ein Städter, der dazugetreten ist. Zu dem einer gesagt hat: Komm, stell dich mit her! Von den anderen sind einige tatsächlich Städter, wahrscheinlich sogar die meisten, aber sie haben sich angezogen, als wären sie von hier, Janker mit Hornknöpfen, derbe hohe Schuhe, obwohl Sommer ist. Sicher wären sie gern von hier gewesen.

Hier nämlich war das Paradies. Die Wiesen, die voll sind mit den buntesten Blumen. Ich kannte sie alle.

In den neunziger Jahren, da hatte ich selbst schon vier Kinder, war ich zusammen mit ihm zu meiner Schwester Renate nach Berlin gefahren. Er wollte das. Ich nicht. Ich fürchtete mich vor Peinlichem. Ich fürchtete mich davor, er würde irgendwelche Rätsel auflösen, würde mir von sich selbst erzählen, alles wäre mir peinlich gewesen, die harmlosesten Geschichten. Wenn man einen Menschen ein Leben lang kennt, und erst spät erfährt man, wer er im Grunde ist, dann kann man das vielleicht schwer ertragen. Es war schon Mitternacht, als wir ankamen, die Züge hatten fast zweieinhalb Stunden Verspätung gehabt, der Speisewagen war ausgefallen, wir waren erledigt und hungrig. Renate hatte nichts eingekauft, weil sie damit rechnete, dass wir fein essen gehen. Nun hatten die meisten Restaurants in der Umgebung schon zu, bis auf eines vis-à-vis, ein Schwulenlokal, dort könne man sehr gut essen und es werde auch keine laute Musik gespielt, das konnte unser Vater nämlich gar nicht leiden. Wir bestellten Sauerkraut und von dem Fleisch, das weich war und ein wenig grau aussah, und da winkte er den Kellner zu sich und fragte: »Wo geht es hier für kleine Mädchen?« Schallendes Gelächter im Lokal. Das hat ihm gefallen. Als er von der Toilette zurückkam, mit gebeugtem Rücken, humpelnd, setzte er sich zu den Männern mit der Schminke im Gesicht und den ausgeschnittenen Unterhemden und den trainierten, tätowierten Oberarmen, und sie haben ihm Schnäpse bezahlt und ihn hochleben lassen, er war der Kleinste unter ihnen, ein Grauer unter bunten Vögeln. Sie lachten, und er lachte mit. Sie lachten ihn nicht aus, sie wollten einfach nur lachen, und auch er wollte einfach nur lachen nach diesem anstrengenden Tag. Um meine Schwester und mich kümmerte er sich nicht mehr. Wir hörten ihn reden in einem Ton, den wir an ihm nicht kannten, laut und deutlich, sonst murmelte er so vor sich hin, oft musste man nachfragen. Einer von den Männern kam an unseren Tisch und sagte: »Setzt euch doch zu uns. Euer Vater ist ein Guter, ein wirklich Guter, wir mögen ihn gern.« Ich habe mir das wörtlich gemerkt und Renate auch. Damit meinte er – so später unsere Interpretation –, unser Vater, der so grau aussah, eben wie ein Beamter, der er ja auch war, obendrein ein Finanzbeamter, unser Vater sei ein bunter Mann in Wahrheit. Wenn Renate und ich uns daran erinnern, müssen wir sehr lachen – und laut, wie er gelacht hat. Mein Mann sagt dann, jetzt lacht ihr wieder so, weil ihr euch euren Vater vorstellt, wie er in Berlin war. Ich sage: »Da hast du recht.«

Die Fotografie über meinem Schreibtisch habe ich von meiner Stiefmutter. Ich besuchte sie, da war unser Vater zehn Jahre schon tot und sie selbst über achtzig.
 Ich sagte: »Hast du Zeit für mich?«
 »Wie lang?«, fragte sie.
 »Lang.«
 »Es geht also um deinen Vater«, sagte sie. »Hab ich recht?«
 »Ich möchte einen Roman über ihn schreiben.«
 »Wahr oder erfunden?«
 Ich sagte: »Beides, aber mehr wahr als erfunden. Wenn du etwas hättest?«
 Sie: »Wart damit, bis ich tot bin. Dann muss ich mich nicht ärgern.«
 Sie ging einen Stock höher und kam wieder mit einem großen Kuvert, darin waren etwa zehn Fotografien, jede auf Schulheftformat vergrößert. Sie schob ihren Aschenbecher und die

Maggiflasche beiseite und legte die Bilder auf dem Küchentisch aus. Auf allen waren auch meine ältere Schwester Gretel und ich zu sehen.

»Die sind vom Erwin Thurnher«, sagte sie. »Er hat sie mir irgendwann zugeschickt.«

»Wer ist das?«, fragte ich.

»Den musst du doch kennen! Der Fotograf, der euch auf der Tschengla fotografiert hat. Nach jedem Turnus.«

Ich erinnerte mich an den Mann. Ein Geschäftiger. Es war jedes Mal aufregend gewesen, wenn er das Stativ aufbaute und seine Anweisungen gab.

»Was ist mit diesem Foto?«, fragte ich. »Das hier. Warum steht der Vati nicht bei uns?«

»Du musst es wissen«, sagte sie. »Ich war ja nicht dabei. Ich habe ihn damals noch gar nicht gekannt. Schau ihn an! Was denkt er in diesem Augenblick? Dass er vielleicht doch noch studieren wird? Oder doch nicht? Dass vielleicht doch noch etwas aus ihm wird? Oder dass nichts mehr aus ihm werden kann, nie? Oder dass vielleicht doch noch alles gut wird? Oder doch nicht? Dass alles davon ist, von dem er geträumt hat? Dass alles aus ist? Diesmal endgültig? Dass er euch ins Loch stoßen wird, seine Frau und seine Kinder? Dass er selber ins Loch kommt? Alles aus, vorbei? Dass er nicht mehr leben will? Weil er nicht dabei sein will, wenn es aus und vorbei ist auch mit euch …«

»Hör auf!«, rief ich. »Man kann nicht auf einem Foto sehen, was einer denkt!«

»Wenn man weiß, was einer denkt, kann man es sehen in seinem Gesicht«, sagte sie.

»Bei ihm nicht«, sagte ich. »Bei ihm hat nie einer etwas in seinem Gesicht sehen können.«

Er war kleiner gewesen als die anderen Buben, und keiner von den anderen Buben hat je gewusst, wie er mit ihm dran ist, und das war der Grund, warum sie ihn nicht haben mitspielen lassen. Die anderen waren auch klein, kleiner als die Lümmel aus der Stadt, aber doch größer als er waren sie und bulliger. Er war zart. Und weißhäutig. Keine roten Flecken auf den Backen. Überhaupt keine Flecken im Gesicht. Ein bisschen geschlitzte Augen. Und schwarzes Haar. Reine weiße Haut. Wie ein Mädchen. Ausgelacht hat ihn niemand. Schon als Kind war mein Vater eine Respektsperson gewesen. Ich vermute, das lag daran, weil er immer ruhig sprach. Wer ruhig spricht, dem unterstellt man, er sehe keine Veranlassung zur Aufregung. Das hat man gern. Deshalb hatten alle meinen Vater gern. Aber wenn die Buben einen Blödsinn vorgehabt haben, und am Land, wenn man nur spielen will, ist es immer ein Blödsinn, dann wollten sie ihn nicht dabeihaben. Weil sie fürchteten, er sagt ihnen, es sei ein Blödsinn, was sie machen. Alles kriegt seinen Namen erst hinterher – was Kindheit ist, was Kompliziertheit, Blödsinn, Ruhe, Undurchsichtigkeit …

Die Familie des Ärmsten war besser dran als mein Vater und seine Mutter. Sie war die Magd eines Bauern im Lungau. Und ledig. Sie hatte zwei Garderoben: eine tägliche – Kleid, Schürze, Strümpfe, Hemd, Untersachen – und eine sonntägliche. Wie die meisten anderen Leute auch. Das Sonntagsgewand aber gehörte nicht ihr. Das war geliehen von der Frau des Bauern. Zwar auf ewig geliehen, aber geliehen. Es gab einige auf ewig geliehene Sachen in ihrem Haushalt – Geschirr, einen Lampenschirm, eine Kupferpfanne, ich kann nicht alles aufzählen, weiß auch nicht alles. Geliehen hieß nichts anderes als: Es gehört nicht dir. Was ihr tatsächlich gehörte, war so viel wie nichts. Der Vater ihres Buben war der Bauer. Das wurde weder zugegeben noch abgestritten. Also gehörte ihr der Bub auch nur zur Hälfte. Darüber wurde bei uns nicht gesprochen. Mein Vater hätte sich gehütet. Er wollte von dieser Zeit nichts wissen. Wäre es amtlich gewesen, dass der Bauer sein Vater war, hätte er wahrscheinlich »Date« zu ihm gesagt. Das war ihm erspart geblieben. So konnte er ihm, ohne undankbar zu erscheinen, aus dem Weg gehen. Bei Vergnügungen wie Tanzen oder Singen oder Schwimmen oder Schauspielern sagte mein Vater: »Zum Glück ist mir das erspart geblieben.« Das lässt auf einen Misanthropen schließen. War er aber nicht.

Meine Schwester Gretel fuhr einmal nach Salzburg in den Lungau nach Mariapfarr, sie hat einen Sinn für Herkunft, Vergangenheit und Familie. Sie wollte sehen, wo unser Vater aufgewachsen ist. Nicht, dass sie groß Kontakt herstellen wollte mit wem auch immer. Man solle es nur wissen, war ihre Meinung. Damals lebte die Mutter unseres Vaters schon nicht mehr. Ihre blinde Schwester aber lebte noch, die gütige Tante Genoveva, genannt Vev. Unser Vater wusste nicht, dass Gretel seine Herkunft aufsuchte. Das hätte er nicht gemocht. Die Tante Vev wohnte inzwischen im Bauernhaus, sie war schon fast hundert. Der Sohn des Bauern, er vermietete an Fremde zur Sommerfrische, hatte ein gutes Herz, oder besser gesagt, er tat, was ein anständiger Mensch tut, das Haus war groß, er ließ oben unter dem Dach für Tante Vev eine Kammer herrichten. Eine große Porzellanschüssel stand auf einer Kommode, daneben im selben Design ein Krug und eine Seifenschale, damit war das Zimmerchen schon zur Hälfte ausgefüllt. Das Wasser trug sie selber hinauf. Ihr Körper roch nach Kernseife, auch die Haare. Gretel sagte, die Tante Vev sitze jeden Morgen auf ihrem Bett und kämme sich. Haare bis zum Hintern. Hundert Mal kämme sie die Haare, sie zähle mit. Sie werde von der

Hausfrau und dem Hausherrn »unser guter Geist« genannt, sie sei immer überall, sie rutschte hinauf und hinunter, in ihre Kammer hinauf und hinunter in die Küche, mit der Hand am Geländer, das war der Pfad ihres Lebens, die Augen leere milchweiße Kugeln. Zu essen bekam sie am Tisch der Familie. Sie wurde gut behandelt.

Als mein Vater noch ein Schulkind war, wohnten Mutter und Tante und er nicht im Haus des Bauern. Sie hausten in einem Schopf daneben. Wenn man in einem Haus wohnt, einem guten Haus, dann sagt man nicht »hausen«, dann sagt man »wohnen«. Der Schopf hatte nur einen Raum, darin einen Fußboden aus getretenem Lehm. Zwei Fensterchen, jedes nicht größer als ein Schulatlas. Die Betten waren Pritschen und standen auf hohen Beinen, weil es nach einem starken Regen sein konnte, dass der Boden zu Matsch wurde. Von unten herauf. Die Bettfüße wurden in Schalen mit Wasser gestellt, das musste jeden Abend aufgegossen werden. Gegen Ungeziefer. Ob es nützte, weiß ich nicht. Die Wanzen, hieß es, können nicht schwimmen, und hüpfen wie die Flöhe können sie auch nicht. Aber die Flöhe können hüpfen.

Der reichste Mann in Mariapfarr war ein Baumeister. Sein Haus war aus Stein. Ein richtiges und großes Haus, das Erdgeschoss aus groben Monolithen gemauert, erster und zweiter Stock von Fachwerk durchzogen und verputzt, die Fensterläden dunkelrot, mittendrauf ein großer, weißer Diagonalstreifen wie bei einem Palais. Nach Süden hin eine Veranda, mehr Glas war an dem Haus als an allen anderen Häusern zusammen. Kein Stall war angebaut, keine Scheune. Schon von weitem roch es nach Zement. Das war eines der wenigen Dinge, von denen mein Vater gern erzählte: der Zementgeruch. Ein Stadtgeruch. Ich rieche Zement auch gern. Frisch angerührter

Zement, mmmh! Der Baumeister hieß Brugger. Und er besaß: eine Bibliothek.

Ich fragte meinen Vater: »Ab wie viel Büchern ist es eine Bibliothek?«

Er fand die Frage sehr klug und lobte mich dafür. Weil er mich lobte, stellte ich ihm gern Fragen, die mit Büchern zu tun hatten. Wir waren in »unserer Bibliothek« – in der Bibliothek des Kriegsopfererholungsheims. Das ist der zweite Geruch, den ich seit meiner Kindheit liebe: Bücherstaub. Zement und Bücherstaub – was noch?

»Hier«, sagte er, »hier stehen 1324 Bücher. Das darf sich eine Bibliothek nennen.«

»Und bis wann ist es noch keine Bibliothek?«, fragte ich.

»Wenigstens ein Regal muss voll sein«, sagte er. »Aber eines vom Boden bis zur Decke, und wenigstens einen Meter breit muss es sein. Dann kann man es gelten lassen.«

»Und was für Bücher müssen es sein?«

»Das ist die klügste Frage«, sagte er. Dabei hatte ich mir die Frage gar nicht aus dem Nichts ausgedacht. Ich erinnerte mich, was er irgendwann gesagt hatte: Nicht jeder Dreck, den man lesen könne, sei hintereinandergereiht schon eine Bibliothek.

»Wenn du dir eine Bibliothek anschaust«, sagte er und humpelte an den Regalen entlang, strich mit den Fingernägeln der rechten Hand über die Buchrücken, »kannst du alles über den sagen, dem sie gehört.«

Die Bibliothek vom Baumeister Brugger aus Mariapfarr im Lungau wäre nach der Definition meines Vaters eigentlich keine gewesen. Der Mann besaß – daran erinnerte sich mein Vater genau, und auch wir wussten es genau, oft genug hatte er es ja wiederholt – dreiundachtzig Bände. Nur dreiundachtzig

Bände. Aber der Raum, in dem die zwei Borde an die Wand geschraubt waren, mehr als zwei waren es nicht, diente zu nichts anderem. Nur zum Lesen. Da standen sonst nur noch ein Ledersessel, eine Stehlampe, ein kleines Tischchen und davor ein Stuhl. Der Baumeister Brugger hatte vorgehabt, irgendwann eine wirkliche Bibliothek aufzubauen und einzurichten, und hatte, als er sein Haus plante, einen Raum dafür vorgesehen. Später war so viel anderes zu tun gewesen, da hatte er die Bibliothek sozusagen vor sich hergeschoben, für bis nach der Pension – auch dieser Ausdruck kam von meinem Vater, »die Bibliothek vor sich herschieben«, er sagte es so, als zitiere er den Baumeister, voll Verachtung sagte er es. Jedenfalls sei von diesem Raum in der Familie des Baumeisters Brugger nur als der »Bibliothek« gesprochen worden oder dem »Herrenzimmer«. Mein Vater erinnerte sich an jedes einzelne Buch.

Der Sohn des Baumeisters ging mit meinem Vater in die Schule. Es war eine einklassige Volksschule. Mein Vater war das gescheiteste von allen Kindern. Und zwar mit Abstand. Mit einem so großen Abstand, dass er fast so etwas wie eine Sensation war. Er habe, so die Familiensage, sich selber das Lesen und das Schreiben beigebracht. Mit fünf Jahren bereits, zwei Jahre bevor er eingeschult wurde. Seine Mutter habe sich regelmäßig von der Bäuerin die Illustrierten ausgeliehen und daraus ihrer blinden Schwester vorgelesen. Der Bub saß daneben und hörte zu. Und fragte die Mutter, was Lesen sei, wie das, was sie vorlese, auf das Papier komme und wie dann in ihren Mund. Sie zeigte ihm die Buchstaben und erklärte ihm, dass es nur sechsundzwanzig davon gebe und dass die Satzzeichen – der Beistrich, der Doppelpunkt, der Punkt, das Ausrufezeichen, das Fragezeichen und so weiter – nicht zu den Buchstaben gehörten, sondern dazu da seien, um den Satz zu verstehen. Die Illustrierten waren allesamt alt, und nachdem die Mutter sie ausgelesen hatte, wurden sie verbrannt. Da behielt der Bub eines Tages ein Stück für sich. Er fragte nicht. Er versteckte es unter der Matratze. Auch wenn das Heft verbrannt werden sollte, er hatte es gestohlen, und das machte ihm ein schlechtes Gewissen. Es war Sommer, und ein Fünfjähriger hatte nichts zu tun, außer brav zu sein, das hieß, ruhig zu sein, nicht lästig zu sein, die Erwachsenen nicht zu stören. Nicht da zu sein. Das konnte der Bub gut. Er steckte das Heft in seine Hose, zog das Hemd darüber und ging hinauf zum Wald. Dort wusste er einen Platz, schattig, wo Farn wuchs und Moossteine waren, dorthin setzte er sich. Er scharrte mit dem Fuß die Erde um sich herum bloß, dass sie wie eine Tafel war, in die er mit dem Zeigefinger Zeichen ritzen konnte. Längst schon hatte er gelernt zu zählen, zwar nur auf dreißig, aber er ahnte, wie es weiterging, hatte es bisher nur immer wieder hinausgeschoben, weiter zu zählen. In welcher Reihenfolge die Buchstaben im Alphabet auftraten, wusste er nicht. Nur dass es sechsundzwanzig waren. Auch zwischen Großbuchstaben und Kleinbuchstaben konnte er nicht unterscheiden. Die Mutter hatte ihm nur die Großbuchstaben gezeigt. Die meisten Kleinbuchstaben sahen den Großbuchstaben in keiner Weise ähnlich. Das C war ähnlich, das K, das O, ein bisschen ähnlich das P, das S, das U, auch das V und das W und das Z. Das verwirrte ihn. Am Abend legte er das Heft auf den Tisch und gestand der Mutter, dass er es gestohlen hatte. Er war bereit, die Strafe auf sich zu nehmen, wenn sie dafür das Rätsel der kleinen Zeichen auflöste. Er rechnete mit Ohrfeigen. Die gab es selten. Er wusste nicht genau wann und wofür und wofür nicht. Einmal bei etwas, das er selbst als unbedeutend einschätzte, zum Beispiel, wenn er das Hemd verkehrt herum anzog. Dann wiederum bei etwas Schwerwiegendem nicht, wie dem Zerbrechen der Zuckerdose. Schmerz ließ er sich nicht anmerken. Er verzog das Gesicht nicht und gab keinen Laut von sich, wenn ihn die Mutter schlug. Als würde sie eine Puppe schlagen. Ein mit mir und meinem Mann befreundeter Psychiater, er ist Gutachter in Gerichtsangelegenheiten, sagte, solche Ausdruckslosigkeit des Opfers könne beim Täter verschiedene Reaktionen auslösen; entweder noch mehr Grausamkeit oder Entsetzen über die eigene Grausamkeit. Das Opfer, sagte er, gebe im Augenblick des Schmerzes den eigenen Körper auf, verlasse ihn sozusagen, weswegen die Muskeln zu keinen Bewegungen mehr fähig seien, also auch zu keinem Gesichtsausdruck. Diesmal lachte ihn seine Mutter aus. Stehlen sei etwas anderes, sagte sie, und zwar etwas ganz anderes. Und gab ihm weiter Unterricht. Viel brauchte es nicht. Er kapierte schnell.

Er hatte eine große Freude an den Zeichen, den Buchstaben wie den Ziffern. Bald las er der Tante Vev vor. Wenn ihm die Mutter einen Blaustift und ein Stück Pappendeckel gab und ein Messerchen zum Spitzen, war er still den ganzen Tag, als wäre er gar nicht. Als er schließlich zur Schule kam, konnte er lesen und schreiben, besser als die in der zweiten und besser als die in der dritten Klasse und besser als mancher Erwachsene, nicht wenige gab es, die konnten es gar nicht.

Mein Vater hieß Josef. Dass ich erst jetzt damit herausrücke, hat einen Grund. Es gibt Namen, die haben ein Gewicht. Sie können ein luftiges Gewicht haben oder ein schweres. Meine Schwester Renate hat ihren Sohn Josef genannt. Nach unserem Vater. Und nach unserem Großvater mütterlicherseits. Der hieß nämlich auch so. Und dann gab es auch noch den

Onkel Josef. Es sei ein Schicksalsname in unserer Familie, sagte sie, er solle nicht aufhören. Ich weiß, was sie damit meint. Ich würde ein anderes Wort verwenden als »Schicksal«. Aber ich möchte nicht darüber nachdenken, was für eines, es macht mich müde.

Renate lebt im fernen weiten Berlin, schon lang lebt sie dort. Wenn ich mit ihr über unsere Kindheit spreche, über unseren Vater, dann scheint mir, mit den vielen Kilometern, die zwischen seinem Grab und ihrer Stadt liegen, hat sich auch die Zeit gedehnt und ist leicht geworden. Und mit der Zeit sind auch die Namen leicht geworden. Eine Erinnerung wie der Duft nach frisch gemähtem Gras oder Tannenwaldboden am Nachmittag im Sommer.

Den Josef-Großvater haben wir Kinder nicht gekannt, der ist früh gestorben. Nicht einmal eine Fotografie gibt es von ihm. Aber genug Geschichten. Er soll ein schöner Mann gewesen sein, den alle Männer im Dorf beneidet haben. Vor allem wegen seiner schönen Frau. Sie wollten haben, was er hat, diese Frau nämlich, aber sein wie er wollte niemand. Von den Ärmsten einer. Ich weiß nicht, ob er ein guter Mann war. Als seine Frau mit meiner zukünftigen Mutter schwanger ging, musste er in Italien unten für den Kaiser kämpfen. Er war der Meinung, meine Mutter sei keine von ihm. Ein anderer sei eingestiegen und bei seiner Frau gelegen, während er im Feld war. Darum hat er mit diesem Kind sein Leben lang kein Wort gesprochen. Den Schwüren seiner Frau glaubte er nicht. Und die anderen im Dorf glaubten ihr auch nicht.

Unsere Leute wurden »die Bagage« genannt. Sie waren gefürchtet. Sie hatten ihren Stolz und ein Gewehr, mit dem mein Onkel Lorenz, da war er noch nicht achtzehn, und mein Onkel Walter, der war noch ein Bub, auf die wilde Jagd gingen, weil sie sonst verhungert wären. Die Jäger warnten: Bleibt heute aus dem Wald draußen, heute schießt die Bagage. Mit seinen sechzehn Jahren war Lorenz bereits ein Mann, über den Geschichten erzählt wurden wie über einen anderen nach einem langen Leben nicht. Als sein Vater im Krieg war, hatte er mit dem Gewehr den Bürgermeister in Schach gehalten, weil sich der an die Mutter, die schöne Maria, heranmachen wollte. Alle in unserer Familie sind überzeugt, der Lorenz hätte geschossen, wenn der Bürgermeister nicht abgehauen wäre. Der Bürgermeister selbst hat es überall herumerzählt. Mit anderem Inhalt, das versteht sich.

Sieben Kinder hatte meine Großmutter zur Welt gebracht, bevor sie im Alter von zweiunddreißig Jahren starb, drei Töchter, Kathe, Grete, meine Mutter, und Irma, und vier Söhne: Heinrich, der älteste, Lorenz, Walter und der jüngste der Josef, genannt Sepp.

Und dann hieß der Mann, in den sich unsere zukünftige Mutter verliebte, ausgerechnet auch und noch einmal Josef, ein dritter. Wie ihr Vater, wie ihr jüngster Bruder, ihr Liebling. Dazu sagt meine Schwester Renate »Schicksal«. In gewisser Weise doppelt Schicksal, weil wieder ein Krieg war, der zweite diesmal, als sich unsere Eltern kennenlernten – sie war Krankenschwester in einem Lazarett, er ein Soldat, dem das Bein erfroren und amputiert worden war. Und deshalb, damit der Name in der Familie weitergetragen werde, habe sie ihren Sohn Josef genannt, sagte Renate. Der vierte.

Der Baumeister Brugger mochte den Josef. Er sah es gern, dass sich sein Sohn ihm anschloss. Er sprach aus, was er sich dachte. Einmal sagte er: »Wenn man tauschen könnte, ich würde.«

Zu Josefs Mutter sagte er das. Es war als Kompliment gemeint. Josefs Mutter lächelte. Zu widersprechen traute sie sich nicht.

Der Baumeister nahm den Josef unter seine Obhut. Er redete mit dem Pfarrer. Ob etwas zu machen wäre, dass der Bub eine richtige Schule besucht. Eine Schule, die mehr als nur Pflicht ist, sollte das heißen. Das Gymnasium. Das war von Josefs Mutter so weit entfernt, dass sie nicht einmal das Wort kannte. Sie sprach es auch immer falsch aus. »Günasion.« Aber sie sprach es in einem so würdigen Ton falsch aus, dass sie niemand dafür verlachte. Tante Vev erinnerte sich, durch das falsche, würdige Aussprechen sei die Schule sogar noch größer geworden, als sie war. Der Pfarrer jedenfalls sagte, es gehe. Aber nur, wenn aus dem Josef ein Geistlicher werde. Der Baumeister schlug ein. Die Kirche war ihm gut für Protektion, der liebe Gott bedeutete ihm nichts.

Wenn Josef den Baumeistersohn besuchte, dann richtete er es so ein, dass der Vater seines Freundes zu Hause war. Der erlaubte ihm nämlich, dass er sich in die Bibliothek setzte und las. Seinem eigenen Kind befahl er, den Josef in Ruhe zu lassen. Auch seiner Frau befahl er das.

Zu Josef sagte er: »Du kannst jedes Buch aus dem Regal nehmen. Ich sage dir nichts dazu. Zu keinem etwas. Alles, was es zu sagen gibt, musst du selber herausfinden. Noch Fragen?«

Josef schüttelte den Kopf.

Er brachte seine Schulsachen mit. Ich rechne, er war damals zehn. Also wird er schon ein Heft gehabt haben und nicht nur die Schiefertafel. Er drehte das Heft um und schrieb die Namen der Autoren und die Titel der Bücher untereinander hinten ins Heft. Er wollte alle Bücher lesen. In der Reihenfolge, wie sie in der Bibliothek des Baumeisters auf den beiden Borden standen. Aber lesen war ihm nicht genug. Lesen war ihm sein Leben lang nicht genug. Diesbezüglich bin ich sehr anders, als mein Vater war. Wenn ich ein Buch gelesen habe, lasse ich es herumliegen, und irgendwann versickert es in unserer Wohnung. Der Gegenstand interessiert mich nicht. Was drinsteht, habe ich nach der Lektüre im Kopf. Ich ziehe Taschenbücher vor. Weil sie billiger sind. Für den Preis eines gebundenen Buches kann man sich drei oder vier Taschenbücher leisten. Mein Vater verabscheute Taschenbücher. Ihm war durch sein ganzes Leben hindurch der Gegenstand ebenso wichtig wie der Inhalt. Das ist untertrieben. Heilig war ihm das Buch.

Zu meinem Mann sagte ich, bevor ich ihn meinem Vater vorstellte: »Er wird dir seine Bibliothek zeigen. Er wird dich auffordern, ein Buch in die Hand zu nehmen. Die Art, wie du das Buch hältst, wie du umblätterst, wie du den Schutzumschlag abnimmst, wie du daran riechst, das alles wird darüber entscheiden, ob er dich leiden kann oder nicht.«

»Wie mache ich es denn richtig?«, fragte mein Mann.

»Das weiß ich nicht«, sagte ich, »das habe ich nie herausgefunden.«

Er wollte ein Buch nicht nur lesen, er wollte es besitzen. Er hat sich selten Bücher aus Bibliotheken ausgeliehen, aus der Stadtbibliothek oder der Arbeiterkammerbibliothek oder der Landesbibliothek oder über Fernleihe aus der Nationalbibliothek. Er hat diese öffentlichen Anstalten oft besucht, hat hier einen Band aus dem Regal genommen, dort einen, hat darin geblättert, hat gestreichelt, daran gerochen und ein bisschen gelesen, hat sich manchmal Autor und Titel notiert und das Buch dann gekauft.

In der Bibliothek des Baumeisters Brugger hat er sich an das Tischchen gesetzt und begonnen, das erste Buch abzuschreiben. In sein Heft hinein. Bald jeden Nachmittag nach der Schule kam er. Wenn ihr Mann nicht da war, führte ihn die Frau ins Herrenzimmer. Sie sprach dabei leise. Sie brachte ihm ein Glas Waldmeisterlimonade. Und sagte zu ihrem Sohn, er solle den Josef ja nicht stören. Als das Heft voll war, hat er bei der Mutter oder der Tante Vev Geld gebettelt, oder er hat seinen Mitschülern Hefte aus den Schulranzen gestohlen, hat die bereits beschriebenen Seiten herausgerissen und im Wald vergraben und dann weiter das Buch abgeschrieben. Walter Scott, *Ivanhoe*, übersetzt von Richard Zoozmann, dreihundertzweiundfünfzig Seiten (es liegt neben mir auf dem Schreibtisch, in diesem Moment, ich schlage auf beim Beginn der Erzählung). Als die Mitschüler angaben, sie hätten ihr Heft verloren, sie wüssten selbst nicht wo, und der Lehrer sie ausschimpfte, weil sie so faule Hunde seien, und sie nachsitzen mussten oder eines mit dem Rohrstock übergebraten bekamen, saß der Josef in seiner Bank, und sein Gesicht war ausdruckslos, und wenn einer der Schüler mutmaßte, er habe das Heft gar nicht verloren, es sei ihm aus dem Ranzen geklaut worden, war jeder in der Klasse verdächtig, nur einer nicht: der Josef.

Jeden Tag saß er im Herrenzimmer vom Baumeister Brugger und schrieb ab.

In der anmutigen Provinz des glücklichen England, die der Don durchströmt, dehnte sich in alter Zeit ein großer Wald aus, der die lieblichen Hügel und Täler zwischen Sheffield und der freundlichen Stadt Doncuster bedeckt. Hier hauste einst der sagenhafte Drache von Wantley, hier wurde manche blutige Schlacht im Bürgerkrieg der weißen und roten Rose ausgefochten, hier trieben vor alten Zeiten die tollkühnen Räuberhorden ihr Wesen, deren Taten durch die englischen Volkslieder überall bekannt geworden sind. Und hier liegt auch der eigentliche Schauplatz dieser Erzählung …

Der Sohn des Baumeisters zupfte an ihm herum. Er sei doch zu ihm gekommen, zum Spielen, und jetzt hocke er nur im Herrenzimmer. Josef sah ihn an, direkt in seine Augen hinein schaute er und sagte: »Soll ich deinem Vater melden, dass du mich störst?«

»Was tust du eigentlich im Herrenzimmer?«, fragte der Bub.

»Etwas Wichtiges«, sagte Josef.

»Weiß der Papa, was du tust?«

»Ja.«

»Sagst du mir, was du tust?«

»Nein.«

»Und warum nicht?«

»Es ist geheim.«

»Mit was hat es etwas zu tun?«

»Das darf ich nicht sagen.«

»Mit Politik etwas?«

»Das darf ich nicht sagen.«

»Und wenn ich meinen Vater frage, was dann?«

»Dann wird er dir sagen, das geht dich nichts an.«

»Aber er ist mein Vater und nicht deiner.«

»Dein Vater und ich haben eine Geheimaktion zu erledigen. Etwas sehr Wichtiges.«

»Das glaube ich nicht.«

»Was du glaubst oder nicht glaubst, ist völlig egal.«

»Und warum darf ich nicht mittun?«

»Weil du zu dumm bist.«

»Ich bin nicht dumm.«

»Das denken alle Dummen.«

»Ich bin mehr als du.«

»Und was nützt es dir?«

Ich sagte ja schon, mein Vater hat nicht viel erzählt von sich, und von seiner Zeit als Kind hat er schon überhaupt nicht gern erzählt. Aber von diesem Gespräch hat er erzählt. Oft. Jedes Mal so, als erzählte er es uns neu. Und immer ein bisschen anders. Und immer mit einem hintergründig gehässigen Ton. Wir wussten, was aus dem Sohn vom Baumeister Brugger geworden ist. Als die Nazis in Österreich an die Macht kamen, war er einer der Ersten, die sich bei der Hitlerjugend gemeldet haben, er ist auch gleich aufgestiegen, und mit noch nicht zwanzig ist er nach Salzburg in die Stadt gezogen und Mitglied der SS geworden. Angeblich soll er dort die Bücherverbrennung mitorganisiert haben. Aus der Art, wie mein Vater von ihm erzählte, schloss ich, das hat der Baumeistersohn alles nur getan, um seinem Kinderfreund Josef zu beweisen, dass er auch etwas draufhat. Er ist unversehrt durch den Krieg gekommen, mein Vater hat viel von seinen Hoffnungen und ein halbes Bein verloren. Eins zu null für den Baumeistersohn.

Irgendwann hat der Baumeister mitgekriegt, was Josef im Herrenzimmer tut. Nämlich nicht nur lesen. Da waren bereits zehn Hefte vollgeschrieben. Mit winziger sauberer Handschrift. Fast ein Drittel von *Ivanhoe*. Der Baumeister Brugger war gerührt. Bis tief ins Herz hinein. Dass einem zehnjährigen Buben Bücher so viel bedeuten konnten! »Ja, willst du meine ganze Bibliothek abschreiben?«, rief er aus. So gerührt war er, dass ihm die Tränen über die Wangen gelaufen sind. Auf den Wangen lag feiner Zementstaub, weil er von einer Baustelle kam, er kam nämlich immer von einer Baustelle, die Tränen hinterließen sichtbare Spuren rechts und links der Nase, rechts und links der Mundwinkel und weiter über das Doppelkinn in den Hemdkragen hinein, wo sie verschwanden. Seine Frau erschrak und meinte, es sei etwas passiert, eine Verätzung oder so etwas. Was denn passiert sei, fragte sie. »Das

Merkwürdigste, was du und ich je erlebt haben«, sagte ihr Mann und erzählte es ihr, »und wir werden bis zu unserem Ende nie etwas Merkwürdigeres erleben.« Seine Frau war nicht gerührt, sie war angeekelt. Das komme ihr vor, als ob der Bub das Buch fresse. Erst das Buch und dann, was dann weiter? Also ekelte sich der Baumeister schließlich auch. Er hat Josef den *Ivanhoe* geschenkt (eben das Exemplar, das neben mir auf dem Schreibtisch liegt). Und in die Bibliothek seines Hauses hat er ihn nicht mehr eingeladen. Er wollte auch nicht mehr, dass sich sein Sohn mit ihm treffe.

»Der Josef ist nichts für dich. Ich weiß gar nicht, für wen der etwas ist.«

Der schmale, blasse Bub, aus dessen Gesicht er nichts ablesen konnte und seine Frau auch nicht und sein Sohn auch nicht, niemand konnte das und würde es jemals können, dieser Bub war ihm unheimlich. Er hatte dem Pfarrer versprochen, er werde für die Ausbildung vom Josef etwas drauflegen. Das hat er nicht getan. Dieses Wort hat der Baumeister von Mariapfarr im Lungau nicht gehalten.

Der Pfarrer hat sich um Josef gekümmert. Über das Bücherabschreiben hat er geschmunzelt. Nichts anderes hätten die Mönche im Mittelalter den ganzen Tag über getan, und wenn sie es nicht getan hätten, sagte er, würden wir heute schön aussehen. Er hat Josef beim Gymnasium in Salzburg angemeldet. Und hat ihm einen Platz in einem katholischen Schülerheim besorgt.

Josef war ein guter Schüler, nicht unbedingt immer der Beste der Klasse, aber nie schlechter als höchstens ein *Befriedigend* im Zeugnis, und wenn, dann im Fach Leibesübungen, auf das eh keiner einen Wert gelegt hat. Nach Hause gefahren ist er zu Weihnachten, an Ostern und in den Sommerferien.

Oft hat er sich freiwillig zum Schulheimputzen gemeldet, damit er noch bleiben durfte und nicht gleich nach Hause musste. Er war gern im Heim. Es war ein schönes Alleinsein, wenn er an den Abenden im Schlafsaal gemeinsam mit den fünfzig anderen Buben zu Bett ging, sich das Polster um den Kopf wickelte und das Bohnerwachs roch und das Mottenpulver und fantasierte, bis er einschlief und die wirklichen Fantasien zu ihm kamen.

Ein halbes Jahr vor der Matura wurde er in den Krieg eingezogen. Soviel ich weiß, ging's bald nach Russland, Genaues war nicht herauszukriegen aus ihm. In ein sehr kaltes Land ging es. Irgendwann sind die jungen Soldaten bei minus dreißig Grad über ein Feld gelaufen, und der Wind hat ihnen ins Gesicht geblasen, dass es sich angefühlt hat wie minus vierzig Grad oder noch kälter, und dann sind sie in einen Wald gekommen, da waren nur noch minus fünfzehn Grad, und Wind hat hier keiner geblasen, das hat sich angefühlt wie eine warme Stube, und die jungen Soldaten haben sich hingelegt, haben die Köpfe auf die Wurzeln der Bäume gebettet, die Hände unter der linken oder der rechten Wange gefaltet, weil sie so müde waren und so viel Sehnsucht nach ihrem Bett zu Hause hatten, und sie sind eingeschlafen, und viele von ihnen sind erfroren, manchen sind nur Hände und Arme abgefroren. Unserem Vater das rechte Bein. »Sie starben oder starben fast, als Helden oder Idioten« – das habe ich nicht nur einmal unseren Onkel Lorenz sagen hören.

Unser Vater kam ins Lazarett, dort hat man ihm den Unterschenkel amputiert, und im Lazarett hat er die Grete Moosbrugger kennengelernt. Sie ist unsere Mutter geworden.

Wir sagten Mutti. Unser Vater wollte es so. Weil er meinte, es klinge modern. Modern war unsere Mutter nicht. Sie stammte aus dem hintersten Wald, ihre Brüder waren die wildesten Typen. Als ihre Eltern starben, war der Älteste, der Onkel Heinrich, gerade siebzehn oder achtzehn. Die Kinder mussten für sich selbst sorgen. Niemand hat ihnen geholfen. Sie haben an die Kirche nicht geglaubt und an Hitler auch nicht. Tante Irma an den Hitler schon. Der war für sie modern. Onkel Lorenz sagte, bei dem brauche sie sich keine Hoffnung zu machen. Habe sie eh nie, sagte sie nach dem Krieg. Unser Vater war der Überzeugung, solche Leute seien etwas Besseres, tief drinnen. Wie er. Der ja auch aus einer Art Bagage stammte. Er zitierte Rilke: »Denn Armut ist ein großer Glanz aus Innen.« Aber so wie er zitierte, klang es, als seien andere gemeint, nicht wir, als blicke er auf die Armen, gehöre aber nicht dazu, wolle aber auf den Glanz hinweisen. Als wäre er befähigt zu einem objektiven, gerechten Blick. Ich denke, mein Vater war der Meinung, die von ganz unten kommen, aus dem letzten Loch vom Land, die tun sich leichter in der Stadt. Die haben nichts, was sie am Land zurücklassen müssen. Die haben keine Sehnsucht nach den Feldern und den Äckern und dem Vieh. Die kommen in die Stadt und leben sich schnell ein. Vorausgesetzt, sie lernen. Zuallererst die Sprache der Stadt und die Sprache der neuen Zeit.

Alle Kinder um uns herum sagten zu ihren Eltern Mama und Papa. Unsere Mutter ermahnte sanft ihren Mann: »Wenn sie unbedingt auch Mama sagen wollen, lass sie doch.« Sie selbst hat ihren Vater nie angesprochen. Weil sie nie von ihm angesprochen worden war. Wir sagten Mama, dann kam unser Vater zur Tür herein, und wir sagten Mutti. Und bald sagten wir nur noch Mutti. Mutti und Vati. Wenn andere Kinder uns besuchten, vermied ich die Anrede, und wenn ich in der Schule von zu Hause erzählte, sagte ich Mama und Papa. Erst später, als wir in der Stadt wohnten und unsere Mutter schon nicht mehr lebte und ich andere Kinder auch Mutti und Vati sagen hörte, fügte ich mich. Und am Ende sagte ich auch zu unserer Stiefmutter Mutti.

Als sie einander kennenlernten, war der Krieg für ihn zu Ende. Ganz sicher sei er sich aber nicht gewesen. Habe immer wieder den blau-roten Stumpf unter seinem Knie betrachtet. Als ob noch etwas aus dem wird. Dass man ihn vielleicht doch noch an die Front zurückschickt. Mit einem Bein könne man immer noch schießen, sagte er, nur nicht mehr davonlaufen. Ganz sicher war sich unsere zukünftige Mutter auch nicht. Sie hatte als Krankenschwester im Lazarett Männer gesehen, die wurden nur noch von der Uniform zusammengehalten. Wer verstand schon die Befehle. Es sei gewesen, als betrachteten sie die Welt von außen, sie beide. Als wären sie zufällig da hineingeraten. In diesen Schlamassel. Diesen »Kriegsschlamassel«. Eine Welt, in der alles möglich schien. Auch dass man einen Invaliden zurück an die Front schickte.

Nicht er, wie es sich für einen Mann gehört hätte, machte ihr ein Zukunftsversprechen. Sie war es schließlich, die Grete. Denn: Sie, die Grete, verzagte bei dem Gedanken, dass dieser Invalide jetzt weggehen würde, noch bevor er ihr einen Heiratsantrag gemacht hätte. Ihr sei nämlich vorgekommen, es gäbe nicht mehr genug Männer, sodass bald kein anderer für sie übrig wäre. Das war es, was sie sich im Geheimen erhoffte: dass sie nicht übrig bleibe. Alles andere reihte sie nach. Sie selber fand sich nicht schön. Dafür sah er gut aus und würde noch viel besser aussehen, wenn er endlich genug zum Futtern bekäme und endlich das Bleiche aus dem Gesicht von der Sonne vertrieben würde. Er hatte sie doch so lieb angesehen, wenn sie sich für die Nacht von ihm verabschiedet hatte. Im Lazarett war das simpelste »Gute Nacht« ein Abschiednehmen, sicherheitshalber. Er übte jetzt, mit den Krücken zu gehen, und sie half ihm dabei, sehr ungeschickt stellte er sich allerdings an. Was ihr recht war, so würde er sie noch längere Zeit brauchen. Oft musste sie ihn auffangen, den leichten Mann, der garantiert weniger wog als sie. Sie war eine Mollige, sie wusste nicht, ob er das mochte. Ein Ingenieur kam mit einer Prothese, die er ihm anpasste, er maß seinen rechten Fuß für den linken orthopädischen Schuh, der würde gleich an der Prothese festgemacht werden, eingeleimt. Ob sie den Mann darauf aufmerksam machen sollte, dass der Prothesenfuß aber umgekehrt gebaut werden müsse, nicht dass Josef zu guter Letzt zwei rechte Füße hätte? Ein Fachmann war der Ingenieur nicht, Grete vermutete, deshalb nannte er sich Ingenieur.

Jetzt wird mich der Josef nicht mehr brauchen. Das war ihre Befürchtung. Als ich einmal mit meiner Schwester Renate darüber sprach, sagte sie: »Hat sie sich denn vorgestellt, dass sie eine ist, die nur gebraucht, aber nicht geliebt wird?«

Ich sagte: »Sie war scheu. Aber wenn es um alles ging, war sie nicht scheu. Er schon, grad dann.«

Den Heiratsantrag machte sie. So vehement, dass er auf der Stelle – das heißt, stehend mit der angepassten Prothese – »Ja« sagte.

Sie wusste gar nichts von ihm. Und als es endlich heraus war, stand sie vor ihm wie ein Schulmädchen und war wieder scheu. Und er stand da in einem weißen Hemd und einer Hose, die ihm beide Nummern zu groß waren, dann setzte er sich auf einen Krankenhausstuhl an der Wand. Alles an ihm war gespendet, nichts besaß er. Wirklich nichts. Das kann ich mir nur schwer vorstellen: dass einer gar nichts hat, wirklich nichts. Ich höre die Leute sagen: Wir standen vor dem Nichts – und dann stellt sich heraus, die Schuhe gehörten ihnen und die Socken und der Regenschirm und die Kappe auf dem Kopf auch. Im Fall meines Vaters, damals zukünftigen Vaters, hieß nichts: Nichts. Nicht einmal der Dreck unter den Fingernägeln gehörte einem, denn den hat man aus fremden Fensterrahmen gekratzt. Weil er so zart war, hätte man ihm Sachen eines Schülers zum Anziehen bringen können. Grete hatte sich, um ihrem Antrag Dringlichkeit und Würde zu verleihen, ein wenig Lippenstift aufgetragen, ihre Haare waren frisch onduliert. Er nahm ihre vom vielen Ins-Wasser-Eintauchen raue Hand, zog sie sich an sein Herz und wiederholte: »Ja.«

Seine Haare reichten ihm beinahe bis auf die Schultern, mussten dringend geschnitten werden, wie ein Mädchen sah er aus. Er zog ihren Kopf zu sich und küsste sie ungeschickt auf den Mund. Ihr erster Kuss. Soll man das glauben? Bis sie dazu nicht mehr in der Lage war, hat meine Mutter meinem Vater die Haare geschnitten. Uns nicht, ihm schon.

So informierte Grete zuerst ihre Schwestern, Katharina und Irma, die sollten es den Brüdern weitersagen, dem Walter und dem Heinrich und dem Sepp. Lorenz war noch im Krieg. Grete erzählte in ihrem Brief von den schönen Gesprächen, die sie mit diesem Mann geführt hatte. Heinrich habe kommentiert: »Außer Denken kann er ja also nichts.«

Unser Vater hatte unsere Mutter angelogen. Er hatte ihr erzählt, er habe niemanden. Nicht nur nichts, sondern dazu noch niemanden. Seine Eltern seien schon gestorben, als er ein Kind war. Keine Verwandten. Und so weiter. Eine andere Herkunft hatte er ihr ausgemalt. Eigentlich sich selber ausgemalt. Keine reichen Leute, natürlich nicht, aber auch nicht so erbärmlich arme. Erst der Krieg habe ihm alles genommen, vorher sei einiges da gewesen. Auch nicht aus dem Lungau kam er in seinen Erzählungen. Sondern aus der Stadt Salzburg. Er sei ein Städter. Mit einem solchen Fleiß erzählte er ihr, dass sie ihm nicht glaubte. Aber das spielte keine Rolle. Inzwischen tat jeder, als wäre die Welt eine andere. Die letzten Nachrichten aus dem untergehenden Reich taten, als wäre die Welt eine andere.

»Ich stamme aus dem hintersten Wald«, hatte Grete gesagt. Und das war die Wahrheit. »Meine Eltern leben schon lange nicht mehr.« Auch das war die Wahrheit. »Wir waren die Ärmsten von den Armen.« Auch das stimmte und stimmte wahrscheinlich immer noch. Obwohl man ja nicht wissen konnte, was inzwischen im hintersten Wald alles geschehen war. Märchen waren möglich. Wunder. Aber wahrscheinlich doch eher nicht.

In dem Durcheinander am Ende des Krieges fiel niemandem auf, wenn ein Krüppel fehlte. Es war eher günstig, wenn einer fehlte. Ohne sich abzumelden, machten sie sich aus dem Lazarett davon. Grete entwendete zwei Krückstöcke für ihn und einen Mantel, der einem Arzt gehörte. Zwei hingen in der Garderobe, ein guter und ein besserer. Sie nahm den besseren. Sie führte ihn in den hintersten Wald. Zu ihren Geschwistern. In das kleine lumpige Elternhaus mit dem leeren Stall und der leeren Scheune. Der Bruder Lorenz war noch in Russland. Was genau mit ihm war, wusste niemand. Nicht einmal, ob er überhaupt noch war. Briefe aus dieser Richtung wurden längst nicht mehr zugestellt. Katharina, meine zukünftige Tante Kathe, regierte in dem kleinen Haus am Berg, dem letzten hinten im letzten Dorf, wo der Bach vorbeifloss, in den ein Becken ausbetoniert war, da konnte man sich an heißen Tagen hineinsetzen, dann ging einem das Wasser bis an die Brust. Kathe sagte, man müsse sich darauf einstellen, dass der Lorenz nicht mehr aus Russland zurückkommt.

Als ihr Grete den Josef vorstellte, sagte Kathe: »Wenn ihr wollt, spiele ich den Pfarrer und verheirate euch.«

Josef lachte, weil er meinte, sie mache einen Witz, einen freundlichen Willkommenswitz. Es war kein Witz. Die Pfaffen waren meiner Tante Kathe das Leben lang ein Gräuel. Irgendwann, sie war noch ein Kind gewesen und Grete war ein ganz kleines Kind gewesen, in der Scheese noch, da war der Pfarrer gekommen mit einem Burschen und Werkzeug und hatte das Kreuz am Haus abmontiert, weil die ganz kleine Grete angeblich von einem anderen Mann gemacht worden sei. Das hatte Kathe den Pfarrern allesamt nie verziehen.

Da waren in dem Haus hinten im Wald unter der Felswand noch der Walter, der Sepp und die Irma, die jüngeren Geschwister. Heinrich, der Älteste, war ausgezogen, er handelte mit Rindern und Ziegen und geschossenem Wild und war erfolgreich und hatte sich einen eigenen Hof gepachtet. Er ließ sich hinten nicht mehr blicken. Er hatte Angst vor seinen Geschwistern, sie waren ihm unberechenbar, auf sture Weise stolz. Es war ihm peinlich, wenn ihn eine Kundschaft fragte, ob er mit denen da verwandt sei. Er knurrte dann irgendetwas. Ganz »Nein« sagen wollte er nicht, abergläubisch, wie er war.

Alle mochten Gretes zarten Mann. Besonders der Sepp. Allein schon deshalb, weil er gleich hieß wie er. Vati brachte ihm Schach bei. Sie bastelten ein Schachbrett. Ein Karton, auf den sie mit Tinte die Felder ausmalten. Die Figuren kneteten sie aus Teig. Den taten sie ins Ofenrohr und buken Könige, Damen, Springer, Türme und Bauern daraus. Sepp wollte von Anfang an um Geld spielen. Kleinste Beträge, aber Geld. Mein Vater erzählte mir irgendwann, als er auch mir das Schachspielen beibringen wollte, Onkel Sepp habe es auf Anhieb kapiert und sei schon sehr bald gleich gut gewesen. Es war klar, da war ein Vorwurf dabei, nämlich, dass ich es nicht auf Anhieb kapierte. Von diesem Augenblick an interessierte mich Schach auch nicht mehr, weil ich darin eh nie so gut werden würde wie mein Onkel Sepp. Noch besser Schach spielen – das nehme ich vorweg – konnte Onkel Lorenz. Und damit habe ich auch vorweggenommen, dass er schließlich doch noch aus Russland heimgekommen ist.

Nun lebten sie also alle zusammen in Gretes Elternhaus. Wovon lebten sie? Auf diese Frage pflegte meine Tante Kathe zu sagen: »Das weiß kein Mensch.« Die Landwirtschaft gab es nämlich nicht mehr. Keine Kuh, keine Ziegen, nur ein paar Hühner und einen Gockel. Ein bisschen etwas weiß ich: Mein Vater half den Leuten im Dorf bei allem Bürokratischen. Sie kamen zu ihm. Sie hielten ihn für etwas Besonderes. Erstens, weil er ein Fremder war, zweitens kein wirklich Fremder, sondern wie sie ein Österreicher, nur nicht von hier, auf jeden Fall kein Franzose aus der Besatzung, sondern einer, der mit den Franzosen umgehen konnte auf günstige Art und Weise, dazu, wenn auch nur grob, ihre Sprache sprechen und verstehen konnte. Das war sehr viel. Die Leute sagten: Endlich hat die Bagage einen, der auf sie aufpasst. Das konnte in ihren Augen nur einer sein, der aus einer höheren Gesellschaft kam, einer bisschen höheren wenigstens. Mehr als die Bagage zu sein, war nicht schwer, die waren das Letzte. So wie sich der Neue gab, traute man ihm einen guten Einfluss zu. Ein Städter eben. Warum der die Grete von der Bagage genommen hatte – ein Rätsel. Ich weiß nicht, wann mein Vater unserer Mutter die

Wahrheit über seine Herkunft erzählte. Sicher irgendwann, als wieder einmal nichts eine Rolle mehr spielte.

Mein Vater half auch seinem Schwager Heinrich. Der wollte zwar mit seinen Geschwistern nichts mehr zu tun haben, den Mann von der Grete aber akzeptierte er schließlich doch. Weil der nützlich war. Als Heinrich die Pacht in Besitz umwandelte, führte Vati die Verhandlungen mit dem Eigentümer und mit der Bank. Er tat es nicht umsonst. Auch einen Familienrabatt gewährte er nicht. Sepp riet ihm: »Auf Heller und Pfennig!« Das bewirkte, dass Heinrich noch mehr Achtung vor unserem Vater hatte.

Unsere Mutter und unser Vater seien in dieser ersten Zeit sehr innig zueinander gewesen. Das erzählte sowohl Tante Kathe als auch Tante Irma. Bei Irma dachte ich, sie ist eifersüchtig. Sie war eine sehr schöne Frau, hatte die Schönheit von ihrer Mutter geerbt. Immer hatte sie sich eingebildet, sie kriege jeden Mann und könne sich Zeit lassen. Und weil sie so sehr davon überzeugt war, war ihr jeder zu wenig. Und so hatte sie lange keinen.

In dem kleinen Haus unter dem Berg lebten sie nun alle zusammen und wussten nicht, wovon sie lebten, und lebten doch. Das ehemalige Elternschlafzimmer gehörte Vati und Mutti. Meine Mutter erzählte mir später, die Kopfkissen hätten noch nach ihren Eltern gerochen. Die waren schon lange unter der Erde. Das Kopfkissen vom Vater habe nach Lagerfeuer gerochen, nach Abenteuer, ein Geruch, vor dem sie ein bisschen Angst hatte. Weil sie vor ihrem Vater Angst gehabt hatte. Weil er sein Leben lang so getan hatte, als gäbe es sie nicht. Das Kissen der Mutter habe nach Nelken gerochen. Sie wisse nicht warum, wie soll Nelkenduft da hineinkommen! Sie könne sich nicht erinnern, dass in dem Haus je eine Nelke gewesen war. Vielleicht das Parfum von der Großmutter, sagte ich. »Nein«, sagte Mutti, »die hat kein Parfum nötig gehabt.«

Im Sommer schlief Sepp, der Jüngste, draußen auf der Veranda, eine Decke auf den Boden, eine Decke über Körper und Kopf, fertig. Ja, das habe ich vergessen: Einen Hund hatten sie. Der gehörte Sepp. Der schlief bei seinem Herrn. Der Sepp sehe aus wie sein Vater, sagten die Leute im Dorf, die Irma wie ihre Mutter. Manchmal, wenn man sie so gehen sehe, könnte man meinen, die beiden seien aus ihren Gräbern auferstanden. Einige im Dorf hatten ein schlechtes Gewissen, weil man zu Lebzeiten der Eltern grob und ungerecht gewesen sei – in die Wahrheit übersetzt: niederträchtig und bösartig –, und darum spendierten sie manchmal etwas. Das stand dann einfach vor der Tür. Sepp sagte, er sei früh am Morgen aufgewacht, weil der Hund geknurrt habe, da seien die guten Geister aber schon verschwunden gewesen. Einmal war sogar eine Banane in dem Geschenkkorb. Die habe er, Sepp, noch halb im Schlaf weggeputzt. Er habe aber kein schlechtes Gewissen gehabt, denn er sei eben noch halb im Schlaf gewesen, er habe geglaubt, er träume, und die Banane habe ja auch traumhaft geschmeckt. Unser Vater hatte eine andere Version: Der Sepp habe die Banane mit ihm geteilt. Sie hätten Stillschweigen verabredet und das zerkaute Bananenmus so lange wie möglich im Mund herumgewälzt.

Sorgen hatte Katharina wegen Walter. Er war der Wildeste von ihnen. Er hörte nicht auf sie. Und er hörte auch nicht auf seinen Schwager Josef. Unser Vater war inzwischen das Oberhaupt, dem Walter aber war er nicht gewachsen. Walter war schon Mitte dreißig, zog im ganzen Tal herum als Hilfsarbeiter, war noch ledig und immer aufgeregt. Das heißt, hinter den Frauen her war er, hinter jeder, nicht nur einmal war ihm gedroht worden, man werde ihn über den Haufen schießen. »Ich halte es nicht mehr aus!«, das war sein Standardsatz.

Mein Vater zog ihn beiseite, meinte, er kenne die Lösung.

»Du gehörst in die Stadt«, sagte er zu ihm. »Wenn einer sagt, er hält es nicht aus, dann gehört er in die Stadt. Und du sagst es dreimal am Tag.«

»Nach Bregenz soll ich?«, fragte Walter. »Was ist dort besser?«

»Nicht nach Bregenz«, sagte mein Vater. »Was bist du für ein dummer Bauer! Glaubst, es gibt nur eine Stadt? Und die ist so klein wie euer Bregenz?«

»Und in welche Stadt soll ich bitte?«

»Nach Wien zum Beispiel.«

»Nach Wien sicher nicht, sicher nicht zu den Deppen, sicher nicht!«

»Dann nach Berlin.«

»Und wer zahlt mir das?«

»Ich zahl dir das.«

»Und von was?«

Mein Vater wollte ihn loshaben, das ist richtig, und der Walter wusste das auch, aber er war ihm deswegen nicht böse. Josef, der Mann seiner Schwester Grete, war immerhin der einzige Mensch auf der Welt, der ihm zutraute, dass er sich in der großen Stadt Berlin zurechtfände. Dafür hätte er seinen Schwager segnen mögen. Wenn er an den Segen geglaubt hätte. Hat er nicht. Eines Tages machte er sich auf. Aber in Bregenz schon drehte er wieder um.

Dann kam meine Schwester zur Welt, Vati wollte, dass sie nach ihrer Mutter genannt werde: Margarethe. Die Familiensage erzählt, unser Vater habe unsere hochschwangere Mutter, Humpelbein hin, Humpelbein her, auf dem Schlitten ins nächste Dorf zum Entbindungsheim geschoben.

Anderthalb Jahre später kam ich. An die Zeit hinten im Wald in dem kleinen Haus im Schatten unter dem Berg kann ich mich nicht erinnern. Unserem Vater wurde die Stelle als Verwalter im Kriegsopfererholungsheim auf der Tschengla angeboten. Erst dort, im Paradies, dämmerte mir, dass ich jemand war – jemand, der »ich« sagen konnte.

Ich bin müde. Ich klappe meinen Laptop zu, dehne mich, es ist erst früher Nachmittag. Nicht das Schreiben macht mich müde, auch nicht das Erinnern. Ich will müde sein. Ich setze die Müdigkeit professionell ein. Ich muss näher an die Träume heranrücken, noch nicht Schlaf, aber auch nicht mehr wach, dann funktioniert das Erinnern besser, diese Erfahrung habe ich gemacht, dieses Phänomen möchte ich nützen. Ich bilde mir ein. Was für ein schöner Ausdruck! Ich bilde mir das Geräusch ein, wenn unsere Mutter über die Stiege heraufkam und ihr Kleid auszog und sich die Haut kratzte, das habe ich so gern gehört, ich wusste, sie legt jetzt das frische weiße Nachthemd an, das scharf gebügelte, und bevor sie ins Elternschlafzimmer geht, kuschelt sie sich noch eine Viertelstunde zu uns Mädchen. Kannten wir das Wort »kuscheln« überhaupt? Ich glaube nicht. Das ist auch so ein Stadtwort. Sie kam aus der Waschküche, wo eine Steinwanne stand und ein breites Waschbecken an der Wand verankert war und auf einem Porzellanregal unsere Waschsachen lagen und an einem Emailhaken unsere Waschlappen und Handtücher hingen. Diesen speziellen Seifengeruch habe ich mein ganzes Leben gesucht. Manchmal, irgendwo, wo er nicht zu vermuten war, wehte er vorüber. Mein Sohn Lorenz, der Maler, sagt, könnte man Gerüche genau beschreiben, ließe sich auch dieser Geruch wahrscheinlich im Internet bestellen. Darüber haben wir gelacht.

Lorenz ruft mich an und sagt: Wenn du irgendetwas brauchst, Mama, du weißt. Er meint für die Recherche. Wenn er mir helfen könne, meint er. Ich sage: Ich versuche mich zu erinnern, das muss genügen. Würde ich diese Seife in einer Drogerie finden, ich würde einen Hunderterpack kaufen, ich würde ein vernünftiges, ein bisschen gestresstes Gesicht machen und so tun, als müsste ich ein Schülerheim ausstatten ...

So tagträume ich mich zurück, bilde mir die Sommerwiese ein, den Kopf wickle ich in mein Kissen, zu dem die Gäste aus Innerösterreich Polster sagten – »Dürfte ich ein zweites Polster haben?« –, ich träume mich auf die Tschengla, 1220 Meter über dem Meer, zurück ins Jahr 1955, ich war acht: Steil hinauf geht die Wiese, an manchen Stellen so steil, dass ich mich, wenn ich mich neige, mit abgewinkeltem Arm an die Erde anlehnen kann. Von weitem scheint die Wiese tiefblau, als hätte oben ein Schreiber sein Tintenfass ausgeleert, beim näheren Hinschauen sind es die fingergroßen Blumen mit Blütenkelchen wie Vasen. Der blaue Enzian. Daruntergemischt die kleinen Schusternelken wie Spitzbuben. Das Tintenblau tut den Augen so wohl. Ich lege mich in die Wiese, das Gras wächst über meine Stirn hinaus, ich haue die Absätze in den Boden, damit ich mich abstemmen kann und nicht rutsche. Ich drehe mich auf den Bauch, klammere mich an das Gras. So vieles Kleines ist zu sehen. Ein Ohrenschliefer. Vor dem muss man sich in Acht nehmen. Tief unter dem Grünen ist das Braune und Verwelkte und Kühle und Feuchte. Käfer sind dort, einige kenne ich: den Hirschkäfer, den sieht man selten, den Rosenkäfer, der goldgrün glänzt, den Maikäfer, den pelzigen, der schädlich ist und den wir einsammeln sollen, für ein Kilo kriegt man einen Schilling, der sitzt eher oben in den Bäumen und frisst, den Marienkäfer mit den sieben schwarzen Punkten, den ich mir auf die Hand setze, und dann strecke ich den Finger hoch in die Luft, und er krabbelt bis zur Spitze und fliegt davon. Auch die Schmetterlinge kenne ich, den Kohlweißling, den Zitronenfalter, den Admiral, das Tagpfauenauge, den kleinen blauen, dessen Name mir jetzt nicht einfällt. Meine Schwester Gretel und ich haben Tannenzapfen in der Hand, trockene, aufgesprungene, wir stecken sie voll mit Enzian, vorsichtig, sodass die zarten blauen Seiten der Kelche nicht reißen. Zu Hause stellen wir sie ins Wasser, sie saugen sich voll, die Schuppen schließen sich, und die Blumen bleiben lange frisch. Das ist unser Geschenk, das wir der Mutti bringen. Ohne einen Anlass. Nur weil sie unsere Mutti ist. Sie sagt dann, ach, wie schön, aber in der Wiese sind sie beinahe noch schöner, denkt nicht, dass ich mich nicht über euer Geschenk freue, aber stellt euch vor, hundert Kinder würden das machen, dann wäre die Wiese leer. Ich bin gekränkt, beleidigt, und denke, dass ich nie wieder glücklich sein kann, und sage, dann eben nie mehr, nie wieder, nie mehr, und ich rechne ihr vor, dass mindestens Millionen und doppelt so viele Blumen auf der Wiese wachsen, und ob ihr lieber ist, wenn sie verwelken, denn das tun sie, schon in einer Woche oder so sind sie verwelkt, mitten auf der Wiese. Meine Schwester schaut auf ihre bloßen Füße. Wir sind nämlich barfuß, wir tasten uns im Frühling vorsichtig und wehleidig über die spitzen Steine, dann aber, wenn sich eine Hornhaut gebildet hat, schon längst im Juni, laufen wir über Stock und Stein, als hätten wir Schuhe an den Füßen oder als gäbe es Schuhe gar nicht. Die liegen den Sommer über in dem Schlupf unter der Treppe, Spinnweb ist auf ihnen. Sogar am Sonntag gehen wir barfuß, braune Füße, nur zwischen den Zehen noch weiß. Die Füße und die Schultern und die Nasenspitze werden am braunsten, erklärte mir unser Vater. Weil die Sonnenstrahlen bolzgerade von oben draufscheinen. Das sei wegen dem aufrechten Gang, im Gegensatz zum Affen. Besonders liebe ich es, wenn es in der Nacht geregnet hat, dann springen wir am Morgen gleich hinaus und in die Pfützen und suchen eine Stelle, wo es matschig ist und ich meine Füße darin bewegen kann, sodass der Schlamm zwischen den Zehen nach oben quillt, es ist lau und sanft, wir wissen, es ist sauber und nicht grausig, wie wenn wir barfuß in frische Kuhscheiße treten, was sich ähnlich anfühlt. Nachher sind die Füße überzogen mit grauem Schlamm, wir setzen uns auf den Rand der Veranda und strecken sie in die Sonne, bis sie trocken sind und der Schlamm abbröckelt und die Haut ein bisschen juckt. Mittags heißt es, wascht die Hände, aber nicht, wascht die Füße.

Ich tagträume und liebe das Vergissmeinnicht in der Wiese, den Ehrenpreis, die Kuckucksnelke, die Arnika. Das Moos, das an der Wetterseite der Baumstämme wächst und die Rinde knusprig aussehen lässt, in allen Schattierungen von reinem Gelb bis hinüber zum Grau. Die drei hohen Birken, die vor dem Kriegsopfererholungsheim in ihrem runden Bett aus überkniehohen Steinen wachsen. Die spiralförmig gedrechselten Säulen, die das vornehme kleine Ziegeldach über dem Eingang zum Heim tragen.

Dreißig Jahre später fuhr ich mit meinem Mann und den kleinen Kindern hinauf zur Tschengla, mit unserem alten VW-Bus, der rot war und orange. Zum ersten Mal nach allem, was passiert ist. Da sah die Wiese karger aus, zwar immer noch bunt, ich wollte mit einem Spaten ein Stück ausgraben und es mit nach Hause hinunter ins Tal nehmen und in unserem Garten einsetzen. Ich sagte zu meinem Mann, sie sei nicht mehr so schön, nicht mehr so üppig, nicht mehr so bunt wie damals, er sagte, er habe noch nie so eine schöne, so eine bunte, so eine üppige Wiese gesehen. Wir legten uns ins Gras, die Kinder lagen ruhig, Arme und Beine von sich gestreckt, wir beide aber rutschten ab, so steil ist die Wiese. Ich zeigte meinem Mann, dass er die Absätze in den Boden hauen soll. So lagen wir, und ich erzählte. Manchmal haben Gretel und ich eine Abkürzung genommen und sind vom Weg ab und über die Wiese nach Hause gegangen, aber wir haben länger gebraucht, oft sind wir hingefallen und ein Stück abgerutscht. Es sei wie Bergsteigen, sagte mein Mann. Aus Gänseblümchen haben wir uns Haarkränze geflochten, auch für unseren kleinen Bruder, den Richard, der herzallerliebst aussah, immer eine Tolle auf dem Kopf wie eine Schaumrolle. Um ihn habe ich immer Angst gehabt, erzählte ich, jedenfalls solange er noch im Kinderwagen lag. Gretel und ich zupften die Blütenblätter von der Margerite ab und sangen: Er liebt mich, er liebt mich nicht, er liebt mich ... Wir wussten nicht, wen wir meinten, wer uns liebt oder nicht liebt, wir dachten doch, das Lied sei einfach ein Lied und dass die Worte bei einem Lied nichts zu bedeuten haben, dass sie nur zum Singen da seien, oft sangen wir La-la-la.

Ich muss aber auch von den Würmern erzählen und dass ich sie mit der Papierschere in zwei und mehr Teile geschnitten habe und meiner Schwester, der Gretel, die das gar nicht mochte, erklärte, das schade dem Wurm nicht, er lebe lustig weiter, jetzt sei er sogar zu dritt und nicht mehr allein, wenn er reden könnte, würde er sich bei mir bedanken. Ich wettete mit meinem Schulfreund Emil, dass ich vor seinen Augen einen Wurm schlucke, und tat es auch. Aber dann in der Nacht wuchs der Wurm und fühlte sich bald an wie der Bandwurm auf dem Bild im Kinderlexikon. Ich weckte meine Eltern und wimmerte. Da nahm mich mitten in der Nacht unser Vater an der Hand, und wir verließen das Heim, er im Schlafanzug, ich im Nachthemd, und er führte mich an den Birken vorbei hinüber zu dem Schopf, der zu nichts diente und wo er sich ein Laboratorium eingerichtet hatte. Ich glaube, »Laboratorium« war das erste Fremdwort, das ich in meinem Leben gehört habe. Unser Vater wäre gern Chemiker geworden, damals besuchte er die Abendschule, an zwei Tagen in der Woche war er nicht bei uns oben auf dem Berg, sondern unten in der Stadt, wo er ein winziges Zimmerchen gemietet hatte, er wollte die Matura nachholen. Und dann studieren. Und mit seiner Familie in die Stadt ziehen. In irgendeine Stadt. Er führte mich in die Hütte, knipste das Licht an und sagte, ich solle mich auf den Hocker setzen, er zeige mir etwas. Dann verschwand er und kam gleich darauf zurück mit einem Regenwurm zwischen Zeigefinger und Daumen. Er legte den Wurm in eine Untertasse, öffnete eine der Flaschen, die an der Wand entlang auf dem Tisch standen, und goss ein paar Tropfen auf den Wurm. Der bog sich, schäumte und wurde weiß. Und war tot. Das geschehe im Magen, sagte mein Vater. Das sei Salzsäure. Im Magen sei auch Salzsäure. Und wenn sie dort nicht wäre, würden wir verhungern. Und jetzt solle ich ins Bett zurückgehen und mir nicht mehr weiter einbilden, dass ein Wurm in meinem Bauch sei und dort auch noch wachse, so ein Blödsinn.

Wir hatten eine Köchin und ein Dienstmädchen. Und wenn ich weiter mich vornehm ausdrücken möchte, dann hatten wir obendrein ein Kindermädchen. Das Kindermädchen war unsere Tante Irma, die jüngere Schwester meiner Mutter, damals noch unverheiratet, aber heftig umworben von ihrem späteren Mann, einem blinden Koloss. Das Dienstmädchen hieß Lotte. Mit jedem sprach sie in ihrem ausgeprägten Dialekt, nur mit unserem Vater sprach sie anders. Nicht, weil sie dachte, er als Salzburger verstehe sie nicht, sie sprach auch mit den deutschen Gästen in Mundart, und wenn einer nachfragte, übersetzte sie in Mundart, ohne auch nur einen Laut zu ändern, zog nun eine Grimasse dabei und sprach deutlicher aus, was nicht verstanden wurde, aber genauso unverständlich. Mit unserem Vater sprach sie Hochdeutsch, weil sie ihn für etwas Besseres hielt. Für einen Mann mit einer Zukunft. Einer richtigen Zukunft. Die Herkunft spielte keine Rolle. Und weil er ihr gefiel. Nur auf diese Weise traute sie sich, ihm ihre Zuneigung zu zeigen. Und dann hörte ich, wie Lotte eines Abends, als die letzte Sonne einen roten Schweif auf die Mondspitze warf und wir alle auf der Veranda saßen, außer unserem Vater, der war in der Bibliothek, von dem Adler erzählte, der jeden Abend über diesem Berg kreiste. Gleich kann man ihn sehen! Und wir sahen ihn. Die Köchin habe ihr erzählt, sagte Lotte, der Vogel hole sich die Babys aus der Wiege, wenn sie schlafen, er ziehe sie gemeinsam mit seinen Jungen auf, oben im Adlerhorst, mitten in der Felswand, schiebe ihnen halbe tote Mäuse in den Mund, häufe in der kalten Nacht Flaum auf sie, und irgendwann, wenn die kleinen Adler groß genug seien, würden sie die Babys schlachten und zum Abendessen vertilgen. Sie würden ihnen die Bäuche aufreißen und das rote Fleisch herauspicken. Bei lebendigem Leib. Unser Bruder war nämlich gerade geboren worden, und bald schon lag er im Stubenwagen auf der Sonnenterrasse, der Schleier am Wagen sah duftig aus, wurde vom Wind bewegt, kaum sah man das Köpfchen von unserem Richard, und ich musste mir vorstellen, dass der Adler den Richard mit seinen Krallen aus dem Bettchen reißt und ihn wie eine Beute hält, dann mit ihm auf die Mondspitze fliegt und ihn in seinem Nest ablegt. Ich stellte mir vor, Richard würde von den Adlerkrallen blutig sein, seine Ärmchen zerkratzt, seine Strampelhose zerrissen, bald läge er nackt im Adlernest und die Adlerjungen spielten mit seinem weißen Körperchen. Auf einem Schemel hockte ich vor seinem Bettchen, um ihn zu bewachen, und bangte, wenn es geschieht, bin ich schuld, weil mir aufgetragen worden war, auf ihn aufzupassen. Was hätte denn anderes passieren können, als dass der Adler auf ihn niederfährt? Und gerade auf die Adlermutter habe ich nicht geachtet! Ich stellte mir vor, ich weinte die Nacht durch bis zum Morgen – ob sich einer um mich kümmerte? Der Vater würde zur Mutter sagen, lass sie schreien, das stärkt die Lungen, wir wollen sie nicht auch noch verwöhnen.

»Dein Vater«, sagte meine Stiefmutter, »hat ein Drittel der Bücher aus der Bibliothek vom Kriegsopfererholungsheim beiseitegeschafft.«

»Geklaut«, sagte ich, fragte ich nicht. »Du meinst, geklaut hat er sie. Das meinst du doch.«

»Gestohlen«, sagte sie. »Ich habe beiseitegeschafft gesagt, damit es nicht so brutal klingt. Aber eigentlich ist es ja egal. Vor Gericht spielt es keine Rolle, ob einer klaut oder stiehlt oder beiseiteschafft, das ist eines wie das andere. Und als er dann gemerkt hat, dass sein Plan nicht aufgeht, dass man ihm draufkommt, da hat er sich ein Gift zusammengemischt in seinem schlauen Laboratorium und hat es getrunken und wäre beinahe daran gestorben. Hast du das gewusst?«

»Ja, das habe ich gewusst, nein, das habe ich nicht gewusst.«

»Die Gretel hat es gewusst, sie hätte es dir sagen sollen. Warum hat sie es dir nicht gesagt, ich kann mir schon denken, warum sie es dir nicht gesagt hat, das musst du der Gretel hoch anrechnen …«

»Was für ein Plan?«, unterbrach ich sie.

»Plan, Plan!«, rief sie aus und beugte sich über den Tisch und griff nach der Zigarettenschachtel, die sie absichtlich weit von sich weggeschoben hatte, weil sie schon seit sechzig Jahren mit dem Rauchen aufhören wollte, zupfte eine heraus und zündete sie sich mit dem Feuerzeug an. »Was Plan! Was denkst du, was für ein Plan? Er wollte so tun, als wäre er einer, der eine Bibliothek besitzt. Er wollte die Bücher haben. Das war eine feine Bibliothek.«

»Das weißt du doch gar nicht«, sagte ich. »Du warst doch nie oben auf der Tschengla. Du hast die Bibliothek nie gesehen, du hast keine Ahnung!«

»Er hat mir von der Bibliothek erzählt, er hat gesagt, das sei eine erlesene Sammlung gewesen. Soll ich ihm nicht glauben? Sein Plan war, sich diese Bibliothek anzueignen. So langsam, Stück für Stück. Dass am Schluss alle meinen, die gehört ihm, dem Josef.«

»Das ist deine Version«, sagte ich.

»Hast du eine andere?«

Hatte ich nicht.

Dass unser Vater in seiner Büchersucht rücksichtslos sein konnte, das wusste ich allerdings. Asozial. Als wir schon längst nicht mehr auf der Tschengla wohnten, als unsere Mutter nicht mehr lebte und er wieder geheiratet hatte und wir in Bregenz in einer engen Wohnung aufeinanderhockten und er beim Finanzamt arbeitete und in seiner Freizeit für schwarzes Geld Steuererklärungen frisierte, gab er dieses Geld ausschließlich für Bücher aus. Damit rechtfertigte er vor sich selbst die Illoyalität gegenüber seinem Arbeitgeber –

es kommt weniger darauf an, wie das Geld eingenommen, als darauf, wofür es ausgegeben wird. Und wenn unsere Stiefmutter einen Streit mit ihm begann, einen berechtigten Streit, weil sie meinte, seine Kinder brauchen im Winter neue Schuhe, rief er mich herbei und fragte, ob ich mit meinen alten Schuhen zufrieden sei, und ich sagte, ja, das bin ich. Weil ich ihm helfen wollte. Obwohl meine Schuhe Löcher hatten und ich mit nassen Füßen herumlief. Das machte ihm kein schlechtes Gewissen. Nicht mehr. Irgendwann war Schluss mit dem schlechten Gewissen. Wem gegenüber auch! Dem gegenüber, der ihm seine Frau genommen hatte? Der dafür verantwortlich war, dass der Mensch friert, wenn er nasse Füße hat? Was sind nasse Füße gegen ein amputiertes Bein? Jedes Buch ist zu billig, sagte er. Taschenbücher verachtete er. Solches Druckwerk ist, als würde sich einer mit einem Trick Zutritt zum Kopf eines anderen Menschen verschaffen. Er selbst gönnte sich ja auch nichts. Urlaub nie. Neue Kleidung nur mit Widerwillen. Weswegen unsere Stiefmutter ihn gar nicht erst fragte, sondern die neuen Sachen einfach in den Kasten legte. Kein Auto. Nicht einmal einen Regenschirm gönnte er sich, den nahm er aus dem Amt mit, wenn dort einer vergessen worden war.

»Er hat nicht mehr aus noch ein gewusst damals«, sagte meine Stiefmutter und seufzte in ihre Rauchwolke hinein, und ich wusste nicht, wie ich das Seufzen interpretieren sollte, mitleidig oder verächtlich. »Man hätte ihn rausgeworfen. Entlassen. Fristlos. Wahrscheinlich angezeigt. Sicher sogar. Die Deutschen kennen da nichts. Ihr hättet ausziehen müssen. Diebstahl. Obendrein Diebstahl von etwas, das für die Ärmsten der Armen gedacht war, für Kriegsversehrte. Ausgerechnet denen etwas wegnehmen, das kommt bei keinem Gericht gut an. Er wäre ruiniert gewesen. Ihr wärt ruiniert gewesen. Es wäre aus gewesen mit euch.«

»Keiner von den Gästen«, sagte ich, und ich merkte, wie mir der Hals eng wurde, »keiner hat jemals auch nur ein einziges Buch ausgeliehen, nicht einer. Kein einziger hat jemals die Bibliothek betreten. Niemand außer unserem Vater hat sich für die Bücher interessiert! Ohne ihn wären sie verkommen. Man hätte sie weggeworfen oder auf einem Flohmarkt verscherbelt. Er hat die Regale gebaut, das hat er selber gemacht, und er hat sie regelmäßig abgestaubt. Ich weiß das, weil ich ihm oft dabei geholfen habe. Ich weiß das!«

»Reg dich wieder ab!«, sagte meine Stiefmutter und zündete sich eine Neue an.

Wie kam das Kriegsopfererholungsheim auf der Tschengla, weit fort von allem, hoch oben in den Bergen, wo die Leute nicht einmal eine Zeitung abonniert hatten, zu so einer wertvollen Bibliothek? Sie war nämlich wertvoll. Die meisten Bücher in Leder gebunden. Oder Halbleder. Prächtige Ausgaben der Werke von Goethe und Schiller und Lessing und so weiter, Klassiker, aber auch naturwissenschaftliche Werke waren dabei, philosophische Werke, zehn Bände Immanuel Kant zum Beispiel, in Umbraleder gebunden mit Goldschnitt. Die genannten Bücher habe ich mir nicht etwa gemerkt, ich war ein Kind und hatte keine Ahnung. Mein Vater hat in eines seiner Schulhefte, die er sein Leben lang führte und in die er sich Notizen zu Büchern machte, kunterbunt, in eines dieser Hefte hat er in seiner winzigen Schönschrift Titel und Autoren der Bibliothek eingetragen, Lieblingsbücher eben. Einige dieser Hefte besitze ich. Wir haben sie nach seinem Tod unter uns Geschwistern aufgeteilt. Nichts Persönliches kann ich da lesen, keine tagebuchähnlichen Aufzeichnungen.

Er hat mich oft mitgenommen in den Raum am Ende des Hauses, der wahrscheinlich als Lagerraum gedacht war, in dem nur zwei winzige Fensterchen waren, oben unter der Decke, er musste auf die kleine Holzleiter steigen, um sie zu öffnen. Weil draußen das Hausdach weit heruntergezogen war, an der Außenwand war Brennholz gestapelt, das nicht feucht werden sollte, drang nur wenig Licht herein. Außerdem wuchs eine Tanne davor, auch sie nahm Licht, roch aber sehr gut. Ich konnte nur ihren Stamm sehen, aus manchen Stellen quoll Harz. An der Decke entlang der Regale hatte mein Vater kleine Lampen angebracht, die waren auf die Bücher gerichtet, auch das hat er selber gemacht. Genauso wie er die Leiter selber gemacht hat. In der Mitte des Raums stand ein Tisch, nur sechzig mal sechzig Zentimeter, davor zwei Stühle, Küchenstühle, weiß angemalt, Farbe splitterte ab. Das war alles. Kein Teppich, nur Holzboden. Als Heizung im Winter ein Elektroofen mit Glühspiralen. Die Wände von oben bis unten voll Bücher.

»Komm mit, Monika«, sagte er manchmal. Wenn ich mich daran erinnere, meine ich, es hat immer geregnet, wenn ich mit ihm in der Bibliothek war, drinnen waren wir nicht mehr in der Welt, er knipste das Licht an, ein zauberhafter Schimmer lag auf den Buchrücken. »Komm mit, Bücherschauen!«, sagte er.

»Zeigst du mir das schönste?«, fragte ich – oder fragte ich nicht. Wären wir beide jetzt in dem Raum, würde ich das fragen – oder nicht.

Er würde auf die Leiter steigen und mit dem Fingernagel über die Buchrücken streichen, ein leises Klick-klick-klick wäre zu hören, in dem Raum herrschte eine muffige Stille, die Bücher schluckten jedes Geräusch von draußen.

»Hier ... dieses ...«, würde er sagen und einen Band herausziehen – er liegt jetzt neben meinem Laptop, über dem *Ivanhoe* liegt er –, noch auf der Leiter würde er den Band aufschlagen, rötlich braunes Leder, Titel und Name des Autors in Goldprägung: *Der Ausdruck der Gemüthsbewegungen bei dem Menschen und den Thieren* von Charles Darwin. Er würde mir das Buch herunterreichen. »Leg es auf den Tisch, wir schauen es uns gemeinsam an.«

Ich würde ein ernstes Gesicht machen, eines wie am Sonntag in der Kirche bei der Kommunion, würde den Band in Empfang nehmen, würde ihn in den Händen behalten, bis mein Vater von der Leiter gestiegen wäre, hartes Leder, nicht so weich und geschmeidig wie der *Ivanhoe*. Das Buch ist reichlich illustriert, Stahlstiche, eine ganze Seite nur Affengesichter, einmal die Lippen weit vorgeschoben, als würde der Kerl sagen: Bitte, Vorsicht!, dann die Augenwülste in die Stirn hinaufgezogen, als würde er sagen: Das war jetzt aber gemein!, dann ein zorniges, gefährliches Gebiss: Komm mir nicht zu nahe! Auf einer anderen Seite Vergleiche mit dem Menschen – trauriges Gesicht, lustiges Gesicht, Hinterlist, Erschrecken, Rache, Rührung, Anbetung. Ich erinnere mich, wie stolz mein Vater war, weil ich so sehr staunte und mich so begeisterte. Als hätte er das Buch geschrieben. Oder gleich, als hätte er den Affen und den Menschen erfunden.

Wie waren diese Bücher in das Kriegsopfererholungsheim gekommen?

Ein Mann aus dem Schwäbischen hat sie dem Heim vererbt. Ein Professor aus Tübingen. Ein Geisteswissenschaftler. Dieses Wort hörte ich zum ersten Mal aus dem Mund meines

Vaters. Es war mir ein bisschen unheimlich, wahrscheinlich, weil »Geist« darin vorkam und ich mir unter dem Mann eine Art Gespenst vorstellte. Der Geisteswissenschaftler hatte einen Sohn, der war auch im Krieg gewesen und hatte dort auch ein halbes Bein verloren, wie unser Vater, und einen Arm dazu und drei Viertel seines Verstandes. Er war das einzige Kind. Ein angehender Künstler war er gewesen. Ein Maler. Der auch die Violine gespielt hatte. Alles hätte er werden können, Maler, Musiker, Dichter. Gedichte hatte er geschrieben, wie der Hölderlin hatte er schreiben wollen. Ein Student, der sich nicht um Politik gekümmert hatte, sondern nur um das Schöne. Schon fast am Ende des Krieges war er eingezogen worden. Und wurde gleich zusammengeschossen und lag im Dreck, und ein Kriegsfahrzeug fuhr ihm über das Bein und ein nächstes über den Arm. Als er zurückkam, konnte er mit nichts mehr etwas anfangen, nicht mehr die Violine spielen, nicht mehr malen, nicht mehr dichten, nicht einmal lesen konnte er mehr richtig, weil er sich nicht einen Satz merken konnte, wenn er ihn vom Papier ablas. Viel weiß ich darüber nicht. Die Mutter des jungen Mannes wurde trübsinnig, der Vater meinte, ihm würden die Berge guttun. Also schickten sie ihn zu uns ins Kriegsopfererholungsheim auf die Tschengla. Ein Jahr blieb er. Das war eigentlich nicht vorgesehen. So lange durfte eigentlich niemand bleiben. Der normale Turnus dauerte höchstens einen Monat. Man sagte nicht »Urlaub« und nicht »Ferien«, man sagte »Turnus«. Der junge Mann war eine Ausnahme. Das nur, weil mein Vater ihn nicht anmeldete. Er hat ihn einfach so aufgenommen. Nachdem er einen Monat bei uns gewesen war, allein, nicht zusammen mit den anderen, außertourlich eben, wollte ihn sein Vater abholen, er kam in einem Auto, wie unsere Leute keines bis dahin gesehen hatten, so vornehm. Der junge Mann weinte und sagte, er wolle noch eine Weile bei uns bleiben, es sei hier so schön, er sei hier so glücklich. Da sagte unser Vater, er nehme das auf seine Kappe. Die beiden konnten gut miteinander, unser Vater und der junge Mann. Mein Vater war nur wenig älter als er, ich denke mir, wenn er ihn ansah, musste er sich denken, so hätte es mir auch gehen können, und fast ist es mir so gegangen, ich bin auch im Dreck gelegen, mir ist aber kein Kriegsfahrzeug über das Bein gefahren, ich habe mir das Bein lediglich abgefroren, Schwein habe ich gehabt. Der Professor und seine Frau kamen von nun an öfter auf Besuch. Immer mit dem vornehmen Auto über den steilen Berg herauf, wir Kinder haben mitgeholfen, das Auto zu waschen, ein bisschen erinnere ich mich daran. Dass ich mit den Händen an das warme Blech getatscht habe. An den Mann erinnere ich mich nicht. Ob er wie ein Geist ausgesehen hat. Einmal blieben sie fast einen Monat. Auch das war nicht vorgesehen und eigentlich nicht erlaubt, auch das nahm unser Vater auf seine Kappe. Er war der Leiter des Kriegsopfererholungsheims, er schaltete und waltete, wie es ihm passte und wie er es für richtig hielt. Den anderen Gästen stellte er den jungen Mann als seinen Assistenten vor.

Entweder das Haus war voll oder leer. Voll im Sommer, Juni, Juli, August, und im Frühling zu Ostern, in der Karwoche und darüber hinaus bis zum Weißen Sonntag. Sonst war das Heim leer. Zwei Drittel des Jahres wohnten nur wir hier, Vater, Mutter, Gretel, Richard und ich. Und die Köchin. Und Lotte, die Küchenhilfe. Und der Mann der Köchin, der zog irgendwann ein, unser Vater hatte nichts dagegen, er nahm es auf seine Kappe, auch das. Der Mann war ihm eine Hilfe, er konnte so gut wie alles, Fenster kitten, streichen, Rohre verlegen, ich hatte Respekt vor ihm, er schaute immer finster. Und dann zog auch unsere Tante Irma ein, die jüngere Schwester unserer Mutter. Die hatte sonst nichts. Alles, was sie besaß, passte in einen Koffer, und der konnte nicht schwer gewesen sein, denn sie hatte ihn ohne Hilfe zu uns auf den Berg hinaufgetragen. Tante Irma war von nun an das Stubenmädchen, und unser Vater brachte es irgendwie zuwege, dass sie sogar einen kleinen Lohn bekam. Das habe er, sagte meine Stiefmutter dazu, »irgendwie gedeichselt«.

Das Heim gehörte einem Verein in Stuttgart. Dessen Mitglieder waren wohlhabende Leute, was für Leute das waren, weiß ich nicht. Philanthropen, hieß es. Der Professor aus Tübingen, der Geisteswissenschaftler, war Mitglied in diesem Verein. Unser Vater hatte sich um die Stelle als Verwalter oder Leiter oder Hausmeister oder Hausherr beworben – die einen sagten so, die anderen anders –, der ferne Verein vertraute ihm, er war ja auch ein Versehrter, seine ruhige Art hatte, so vermute ich, bei der Vorstellung Eindruck gemacht. Diese Art, die sagte, es wird alles gut. Nichts brauchte man dringender als so eine Art. Kriegsversehrte, die um eine Sommerfrische ansuchten oder um einen Osterurlaub, die hatten eine kleine Bürokratie zu erledigen, was sie nachweisen mussten, nämlich ihre Versehrtheit, sah man ihnen ja an, dann kamen sie herauf und wurden gut bewirtet und verpflegt, lustige Abende wurden ihnen geboten und die denkbar frischeste Luft und kein Wort über den Krieg. Alle waren zufrieden.

Am letzten Tag eines Turnus, bevor der Omnibus kam, um die Gäste abzuholen, wurde eine Fotografie gemacht. Erwin Thurnher, der Fotograf, wollte nicht nur einer sein, der knipst, er war ein Künstler und wollte ein Künstler sein, ein Regisseur.

Der junge Mann aus Tübingen, dem ein ganzer Arm fehlte

und ein halbes Bein und drei Viertel seines Verstandes – ich nenne ihn Ferdinand, ich kenne seinen richtigen Namen nicht, aber er soll nicht namenlos bleiben –, er wurde von keiner Bürokratie registriert, darum bat sein Vater, und er bat darum, man möge ihn besonders lieb behandeln, wie einen Freund, einen guten Freund. Ich kann mich an Ferdinand erinnern, aber nur verschwommen, als wäre eine Fotografie nicht scharf, Gretel weiß mehr über ihn zu berichten.

»Er war immer an der Seite vom Vati«, sagt sie. »Sie humpelten beide. Ich sehe sie vor mir, ich muss nur die Augen zumachen, sie humpeln an den Birken vorbei, beide im Anzug, ich bilde mir ein, sie tragen beide ihren Sonntagsanzug …«

»Hat er gelacht?«, frage ich.

»Wie meinst du das?«

»Haben sie zusammen gelacht?«

»Warum sollen sie gelacht haben?«

»Ich habe sie mir gerade auch vorgestellt. Wie sie über die Wiese gehen, an den Birken vorbei, um das Haus herum. Beide humpeln. Und dann merken sie, wie sie beide im gleichen Rhythmus humpeln, und darüber lachen sie.«

»Das kann gut sein«, sagt Gretel.

Eine Weile sitzen wir da mit geschlossenen Augen, meine Schwester und ich.

Ferdinands linker Ärmel steckte in der Jackentasche, dort war er festgenäht, das hat Tante Irma gemacht. Er hatte eine Wirbelfrisur wie Beethoven. Die beiden, er und unser Vater, daran erinnert sich Gretel, seien im späten Sommer, nachdem die letzten Gäste abgefahren waren, nebeneinander auf der Terrasse gelegen, jeder auf einem der rot-weiß bespannten Liegestühle, beide hatten ihre Prothesen abgeschnallt, die lagen griffbereit neben ihnen, das Leder glänzte in der Sonne, poliert von den Stümpfen, Ferdinand hustete, weil er sich immer an der eigenen Spucke verschluckte, und unser Vater habe dem Freund, dem guten Freund, vorgelesen. Es war egal, was er las, es musste nur von einer andren Welt erzählen. Viele Bücher gab es damals noch nicht im Heim. Vielleicht hat ein Gast das eine oder andere hier vergessen, die meisten gehörten uns, zerlesene Bände mit schiefen Rücken. *Tom Sawyer und Huckleberry Finn*. Oder *Lederstrumpf* von James Fenimore Cooper. Und natürlich *Ivanhoe* von Walter Scott, das Buch, das unser Vater aus seiner Kindheit in die neue Zeit mitgebracht hatte. *Lausbubengeschichten* von Ludwig Thoma. *Plisch und Plum* von Wilhelm Busch, das mochte er besonders, lange Strecken konnte er auswendig: *Zugereist in diese Gegend, / Noch viel mehr als sehr vermögend, / In der Hand das Perspektiv, / Kam ein Mister namens Pief. /* »*Warum soll ich nicht beim Gehen*« – / *Sprach er* – »*in die Ferne sehen? / Schön ist es auch anderswo, / Und hier bin ich sowieso.*« An diese Verse erinnere ich mich, auch, dass ich mir unter »Perspektiv« ein kleines Tier vorstellte, das in eine Hand passte. Oft habe sich, erzählt Gretel, unsere Mutter dazugesetzt und zugehört, wenn unser Vater vorgelesen oder vorgetragen habe, manchmal kamen die anderen auch, Tante Irma immer, die Köchin und ihr Mann, die Lotte.

Das waren die Vorlesestunden. Tante Irma sagte später: »Die berühmten Vorlesestunden.« Und sie sagte weiter, sie sei fest überzeugt, dass es auf der ganzen Welt nie etwas Gemütlicheres gegeben habe und nie etwas Gemütlicheres geben werde und dass solche Gemütlichkeit unter dem Strich mehr wert sei als Liebesglück. Die Wahrheit sei, sagte sie, sie wolle sich den Himmel gar nicht anders vorstellen, kein Pfarrer könne ihr weismachen, der Himmel sei besser, entweder er sei genau so oder es gebe ihn gar nicht: Man sitze auf einer Terrasse mit

Ausblick auf die Bergwelt, alles, was man brauche und wolle, habe man neben sich, brauche nur die Hand ausstrecken, und man höre unserem Vater zu, wie er aus seinen Büchern vorlese. Unser Vater, sagte sie, habe eine Stimme, mit der hätte er, wenn er nur zu überreden gewesen wäre, ein Vermögen verdienen können. Warum er selber nie daran gedacht habe, zum Beispiel Radiosprecher zu werden, sie könne es nicht verstehen! In dieser wunderbaren Luft, bei dieser wunderbaren Sonne, auf dieser wunderbaren Terrasse, bei dieser wunderbaren Ruhe, in diesen wunderbaren Liegestühlen seien sie beieinandergesessen, hätten heißen Kakao getrunken mit einem Schlagrahmgupf obendrauf und dazu, was gar nicht gepasst habe, aber das Beste überhaupt sei, Speckbrote gegessen, und unser Vater habe vorgelesen, bis es dunkel wurde und zu kühl, um draußen zu sitzen. »Du bist damals noch im Stubenwagen gelegen«, sagte sie zu mir, »ich habe dich gescheselt.« »Scheseln« heißt, den Wagen bewegen, damit das Kleine einschläft. Drinnen im Speisesaal habe dann der junge Mann aus Tübingen die Ziehharmonika ein bisschen gedrückt und gezogen und, wer weiß, sich vielleicht daran erinnert, dass er vor dem Krieg die Violine gespielt hatte, jedenfalls habe keiner gesagt, das klinge nicht schön und gar nicht wie Musik. – Ich glaube übrigens, Tante Irma verwechselt da etwas: Ich war nicht mehr im Kinderwagen. Wahrscheinlich meint sie unseren Bruder Richard. Ich kann mich an die Vorlesestunden erinnern, nicht deutlich, aber hätte ich Worte gehabt, auch ich hätte gesagt: Das ist Glück. Dieses Wort, so will mir scheinen, kommt erst vor, wenn bereits das Gegenteil eingetreten ist. Dann erinnert man sich daran, wie es vorher gewesen war. Und noch etwas: Ich frage mich, wie Ferdinand die Ziehharmonika gespielt haben soll, wo ihm doch ein Arm fehlte. Da hat sich meine Tante Irma ein Stück zu viel vom Glück eingebildet.

Alle wussten, die Vorlesestunden galten dem Ferdinand. Alle wussten, so löste unser Vater das Versprechen ein, das er dem Professor aus Tübingen gegeben hatte: seinen Sohn wie einen guten Freund zu behandeln und nicht nur wie einen Gast unter anderen.

Ein Jahr war Ferdinand bei uns, dann holte ihn sein Vater zu sich. Seine Frau war gestorben, und er hielt es nicht aus, allein zu sein, er wollte eine Aufgabe. Bald starb auch der Ferdinand. Keine dreißig Jahre alt ist er geworden. Bis zu seinem Tod habe er immer wieder von den Vorlesestunden auf der Tschengla gesprochen und dass er sich das noch einmal wünsche.

Und nun Achtung! – Bevor auch der Professor, nicht viel später, starb, vermachte er Teile seiner Bibliothek dem Kriegsopfererholungsheim. Ausdrücklich. So stand es im Testament. Die Titel waren einzeln aufgezählt. Das muss ihn viel Mühe gekostet haben. Er hatte sich dabei also etwas gedacht. Und wenn man sich die Titel und die Autoren anschaut, darf man doch glauben, er hat sich nicht gedacht, diese Bücher sollen nur und ausschließlich zur Unterhaltung und Zerstreuung der Kriegsopfer dienen, dann wären nicht der Kant dabei gewesen und der Fichte und der Darwin und meterlange Klassiker und *Der Staat* von Platon und die Essays von Montaigne und Francis Bacon. Im Gegenteil: Unterhaltungsliteratur war nicht dabei. Kein Karl May, keine Hedwig Courths-Mahler. Ich denke mir, er hat Bücher ausgesucht, die sein Sohn, wäre der Krieg nicht gewesen, hätte lesen sollen. Die er ihm zu lesen gegeben hätte. Dass er die Bücher nun dem Heim vermacht hatte, war nur unserem Vater zu verdanken. Wem denn sonst? Er war der Vorleser gewesen. Er hatte dem Ferdinand vorgelesen und ihm eine schöne Zeit geschenkt, nachdem der Krieg ihm alles genommen hatte, einen Arm bis hinauf zu den Achseln, das halbe linke Bein und drei Viertel seines Verstandes, der ein so feiner Verstand gewesen war. Dafür wollte sich der Professor bedanken. Bei unserem Vater. Wer soll da anderer Meinung sein!

»Woher weißt du das?«, fragte meine Stiefmutter. »Warst du dabei? Hast du das Testament des Professors gesehen?«

»Vati hat es mir erzählt«, sagte ich, und auch wenn ich mich dagegen wehrte, meine Stimme klang bockig. Als würde ich lügen.

»Dein Vater«, sagte sie, »hat es mir auch erzählt. Genau so. Dieselbe Geschichte.«

»Na also«, sagte ich.

»Aber wir beide wissen nicht, ob sie wahr ist.«

Das Heim war aus Holz gebaut und vornehm, gar nichts Almhüttenhaftes hatte es an sich, es sah aus wie ein englisches Landhaus. Ich bilde mir ein, ein ähnliches in einer Agatha-Christie-Verfilmung gesehen zu haben. Es lag in einer Senke, war lang gezogen und hatte ein Obergeschoss. Über dem Eingang war ein Vordach, ich sagte es bereits, das wurde gestützt von zwei spiralförmig geschnitzten Holzsäulen. Zwei Haustüren gab es, die innere bestand aus Honigglasfensterchen, die Scheiben waren eingefasst in zarte Holzrahmen, goldenes Licht fiel hindurch. Die äußere Tür wurde in den warmen Jahreszeiten ausgehängt, sie war aus schwerer Eiche und sollte den Winterstürmen trotzen, die oft über einen Meter Schnee gegen das Haus warfen. Die Rückseite des Gebäudes zeigte nach Süden, da war die Terrasse, ich schätze, sie war zwölf Meter lang und fünf Meter breit. Holzplanken aus Lärche, silbrig vom Wetter. Bis zu dreißig Liegestühle hatten hier Platz. Neben jedem stand ein Tischchen für Getränk, Buch oder Zeitschrift. Die Tischchen mit Bambusfüßen. Dazwischen Sonnenschirme mit Reklameaufdruck – *Almdudler*. Von hier aus konnte man weit ins Tal hinuntersehen und in die Berge auf der anderen Seite, wo das ganze Jahr über die Schneefelder glitzerten. Die Veranda zog sich weiter um die schmalen Seiten des Hauses, so hatten wir den ganzen Tag Sonne. Die Fensterumrahmungen waren sauber weiß, das Holz der Fassaden von der Sonne gebräunt und geschwärzt.

Für den Verwalter und seine Familie waren eigentlich nur zwei Zimmer gedacht, ein Schlafzimmer und eine Wohnküche. Mein Vater requirierte zwei weitere Räume, solche, die nach Norden zeigten, also keine von den besseren, nun hatten wir dazu noch ein eigenes Wohnzimmer und ein Kinderzimmer für meine Schwester und mich. Der kleine Richard schlief bei seinen Eltern. Unten zur Terrasse hin war ein großer Speisesaal, die Wände waren mit Holz getäfelt, nicht rustikal, sondern hochglanzlackiert wie auf einem reichen Segelschiff, ebenso die beiden runden Holzsäulen in der Mitte.

An der Wand im Speisesaal hing ein riesiges Ölgemälde. Es zeigte die Sieben Schwaben. Wie sie mit einer Lanze hantieren. Und dabei die dümmsten Gesichter schneiden. Hintereinander stehen sie, einer duckt sich hinter dem anderen. Ich suche bei Google nach »Sieben Schwaben«, klicke »Bilder« an, und mit dem Druck auf die entsprechende Taste ist das Bild schon da. Mein Herz macht einen Hupfer! Ich erkenne jede Einzelheit. Ich lese, das Bild sei aus einer Postkartenserie des Malers Georg Mühlberg. Ein Künstler hat es also vom kleinen

Format auf eine Leinwand von zwei Meter mal einem Meter übertragen, sicher war das Gemälde ein Geschenk an das Kriegsopfererholungsheim, als es errichtet worden war, von einem dankbaren Spender – ähnlich dem Spender unserer Bibliothek. Die Geschichte von den dummen Schwaben kenne ich gut, sie steht bei den Brüdern Grimm, schließlich hat sie uns unser Vater oft genug vorgelesen, jedes Mal haben alle sehr gelacht. Besonders gelacht haben wir, weil er nicht gelacht hat. Wenn einer von uns herausgeplatzt ist, hat er unterbrochen und ihn sehr ernst angeschaut, wir hätten uns kugeln wollen. »Frisch gewagt ist halb gewonnen!« Am Ende war es so, dass wir schon gelacht haben, sobald er nur den Mund aufmachte, um weiterzulesen. Die dummen Schwaben, der Herr Schulz, der Jackli, der Marli, der Jergli, der Michal, der Hans und der Veitli, haben sich eine Lanze besorgt, um gegen ein Ungeheuer zu kämpfen, das sich als verschüchterter Hase herausstellte.

Die Küche war neben dem Saal, getrennt von diesem durch eine Schiebetür aus Milchglas und modern eingerichtet, später, kurz bevor wir abzogen, bekamen wir sogar einen Kühlschrank, der war so hoch, dass meine Schwester und ich die beiden obersten Fächer nur erreichen konnten, wenn wir uns auf einen Schemel stellten. Im obersten Fach standen die Gläser mit dem guten Eingemachten, Kirschen, Birnen mit je einer Zimtstange und das Apfelmus.

Die Bibliothek war der hinterste Raum, nach Nordosten zu. Eine mächtige Tanne wuchs davor. Wenn der Vater die Fenster öffnete, wehte ihr Harzduft herein und verband sich mit dem Muffgeruch der Bücher – bis heute für mich ein Hauch aus dem Paradies.

Nach Norden hin waren Berg und Wald. Finsterer Tannenwald. Den habe ich nicht gerngehabt. Er war für mich der Feind unseres Hauses. Den Geruch des Waldes mochte ich, aber nur am Rand. Und am Waldrand spielten wir auch gern. Da war im Sommer diese bestimmte Wärme, wie sie nur an Waldrändern herrscht, als würde gleich etwas zu brennen beginnen. Das mochte ich und mag es bis heute. Unser Vater war oft durch den Wald gewandert, immer allein, manchmal ging er gleich nach dem Frühstück los und kam erst am Abend zurück. Dann hat er sich in den Ledersessel neben dem Kamin im Speisesaal fallen lassen, hat eine Flasche Bier mit dem Daumen aufgetöpselt und sich die Prothese abgeschnallt, oft war sie blutig, und unsere Mutter hat ihm den Stumpf mit Salbe eingeschmiert. Mit einem Sack über der Schulter war er aus dem Wald zurückgekommen, Zweiglein im Haar, voll Pflanzen und Käfer war der Rucksack, die Käfer steckte er in Marmeladengläser, darüber schnürte er einen Stofffetzen mit Bindfaden, die Fetzen hatte er sich tags zuvor aus Küchentüchern zurechtgeschnitten. Am Abend unter der herabgezogenen Lampe spießte er die Käfer mit Nadeln auf eine mit schwarzem Samt bespannte Holzplatte, schnitt mit der Schere Streifen aus weißer Pappe, beschriftete sie mit Tusche und heftete sie unter das jeweilige Exemplar. Manchmal hat er gefragt, ob wir Kinder ihn in den Wald begleiten wollen. Wollten wir nicht. Auch unsere Mutter wollte nicht. Dabei wäre sie ausgerüstet gewesen für eine Wanderung – Bergschuhe, Schihosen mit einem Gummiband unten, damit die Hosenröhren nicht aus den Schuhen rutschen können. Auch ein dickes rotschwarz kariertes Flanellhemd gehörte ihr. Und ein Wanderstab. Die Lotte hätte ihn gern begleiten wollen, aber sie hat er nie gefragt. Meinem Vater war recht, dass er allein war, einen Tag lang, im Wald.

Im Juni, Juli und im August kam die Kundschaft. Und in der Karwoche und bis zum Weißen Sonntag. Das war eine schöne Abwechslung. Einbeinige, Einarmige, Hustende, Männer im Rollstuhl, Einäugige mit Seeräuberbinde, Blinde mit einem weißen Stock, Stumpfsinnige, Verlorene, Abgeschobene, Vergessene. Solche, die man nicht gerne sah. Weil sie an den Krieg erinnerten. Die im Weg standen. Bei uns hatten sie es lustig. Bei uns war Hochbetrieb, und wir Kinder ließen uns necken. Kein Abend ohne Gesang. Und wir durften lange aufbleiben. Auch wenn wir am nächsten Tag in die Schule mussten, eine halbe Stunde den Berg hinunter, eineinhalb Stunden den Berg hinauf. Gretel und ich lachen heute noch gern, weil wir uns erinnern, wie schlecht unsere Mutter gekocht hat. Sie konnte es nicht, aber sie musste es auch nicht können. Wir hatten ja eine Köchin.

Unsere Mutter kümmerte sich nicht um das Haus. Nicht darum, was notwendig war. Notwendig war, was Tante Irma als notwendig bezeichnete. Und sie hatte immer recht. Die Einkaufsliste war notwendig, die war für den Mann der Köchin, der für die Besorgungen zuständig war, einmal in der Woche lieh er sich einen Karavan aus und brachte herauf, was ihm Tante Irma aufgetragen hatte. Die Waschtage zu organisieren, war notwendig. Sich rechtzeitig um Brennholz zu kümmern, war notwendig. Und wer kontrollierte Gretels und meine Hausaufgaben? Tante Irma.

Um das Nicht-Notwendige sorgte sich unsere Mutter. Um die Rehe zum Beispiel. Dass sie, wenn es kalt geworden war und schneite, ihre Krautköpfe bekamen. Als ob die Krautköpfe nur für die Rehe wären. Niemand von uns mochte Kraut, auch Tante Irma nicht, aber vom Krieg her meinte sie, man müsse immer Kraut parat haben, also schrieb sie Kraut auf den Einkaufszettel. Mehl und Kraut. Mir wurde schon vom Geruch schlecht. Geht mir noch heute so. Wenn mein Mann früher Krautfleckerln in der Pfanne kochte, sagte ich, für mich bitte nur einen kleinen Teller. Inzwischen weiß er es. Die Rehe liebten Kraut. Unsere Mutter wusste das. Sie sprach mit den Rehen, ich sah sie von weitem, die Tiere standen am Waldrand im tiefen Schnee und warteten auf sie und waren so zutraulich, dass sie ihr aus der Hand fraßen. Das glaubt mir niemand, aber ich habe es gesehen. Ich sah, wie sich die Lippen unserer Mutter bewegten, also sprach sie mit den Rehen. Wenn Menschen mit Tieren sprechen, dann wie mit kleinen Kindern. So hat unsere Mutter nicht mit den Rehen gesprochen. Das konnte man auch von weitem sehen. Die Rehe sahen sie aufmerksam an.

Ich fragte sie: »Was hast du heute zu ihnen gesagt?«

Ihr Blick streifte mich. »Ach, lass doch«, sagte sie nur.

»Nein«, sagte ich, »ich möchte es wissen.«

»Meine Güte! Was man halt so redet!«

Mit den Menschen redete unsere Mutter selten. Sie saß dabei, hörte zu oder tat, als höre sie zu, oder hatte sich im Lauf ihres Lebens ein Zuhörgesicht angewöhnt, sodass sie sich nicht mehr bemühen musste. Manchmal in der Nacht hörte ich, wie sich meine Eltern unterhielten. Da redeten sie beide, und sie redeten viel.

Ich weckte Gretel und sagte: »Jetzt reden sie wieder.«

Und wir lauschten.

Auch um alle Vögel kümmerte sich unsere Mutter, gab ihnen ein Stück Butter und die besten Körner, knetete die Körner in die Butter hinein. Margarine hätte sie den Vögeln nicht gegeben. Auch unser Vater hasste Margarine, Margarine und Malzkaffee, er wollte starken, schwarzen, frisch gemahlenen Kaffee. Er besaß eine eigene Tasse. Eine kleine Kaffeehaustasse, vielleicht hat er die irgendwann irgendwo mitgehen lassen. Nicht wenige unserer Gäste zogen die Margarine der Butter vor. Die Margarine kam aus dem Laden und war eingepackt, die Butter haben wir direkt beim Bauern gekauft, man konnte die Fingerabdrücke darauf sehen, das haben manche grausig gefunden.

Ich glaube, unsere Mutter hatte Spuntus vor ihrer Schwester. Manchmal fuhr Tante Irma mit einem Finger über eine Fläche, schaute den Finger an und sagte: »Hier müsste wieder einmal abgestaubt werden.«

Wenn die Kundschaft abgefahren war, hatten wir das große Haus wieder für uns allein.

Ein Vogelbeerbaum mit roten Früchten wuchs vor unserem Küchenfenster, eine Eberesche, wie die Deutschen sagten. Die Beeren waren giftig, sie wurden zu Schnaps verarbeitet. Tante Irma kochte ein Mus daraus und weckte es ein. Als Medizin. Gegen Halsschmerzen oder Bauchweh. Unser Vater sagte, das sei ein Unsinn und gefährlich. Bei Halsweh sei das Beste Aspirin und bei Bauchweh ein Abführmittel. Darüber konnten sich die beiden streiten. Warum ich den Vogelbeerbaum erwähne – wenn man so etwas sagen kann: Er rührt mich. Auf meinem täglichen Spaziergang über den Schlossberg gehe ich an einem vorbei. Wenn er Früchte trägt, neigen sich seine Äste über den Weg. Dann muss ich an unsere Mutter denken. Und mir kommen so kindliche Gedanken, in meinem Alter eigentlich kindische Gedanken: dass sie sich in den Baum vor unserem Küchenfenster auf der Tschengla verwandelt hat. Dass der Baum sie zu sich geholt hat.

Eines Tages brachte unser Vater vom Tal herauf einen Filmprojektor mit. Den hat er sich bei der Gewerkschaft ausgeliehen für die Zeit, in der die Gäste bei uns waren. Am Abend wurde im Speisesaal über das Gemälde der *Sieben Schwaben* ein Leintuch gehängt, die Tische wurden beiseitegeschoben, die Stühle in Reihen aufgestellt. Und dann spielten wir Kino. Ich erinnere mich nur an einen Film: *Die Geierwally*. An einen zweiten Film erinnere ich mich, aber nur an den ersten Satz, den eine Männerstimme sprach: »Im Hafen von Kavala kam ein Schiff an mit Tausenden von Maultieren an Bord …« Irgendwann hatte jeder jeden Film gesehen oder schon zweimal gesehen, und bald waren nur noch Gretel und ich im Speisesaal, die Invaliden saßen auf der Terrasse und spielten Karten, es war ja Sommer und noch um zehn Uhr war es hell und warm. Ich wollte nur *Die Geierwally* sehen, die anderen Filme interessierten mich nicht. Bald hatte auch Gretel keine Lust mehr. Gegen Ende des Turnus baute mein Vater das Kino nur noch für mich auf. Ja, nur für mich hat er dreißig Stühle in Reih und Glied gestellt, damit ich mir einbilden durfte, ich säße im Kino. Und immer war ich aufgeregt. Ich konnte nicht genug kriegen von der Wally und dem Bärenjosef, auch die Afra gefiel mir, obwohl ich immer wieder und jeden Abend einen Zorn auf sie hatte, und wusste doch, dass sie nicht die neue Geliebte vom Josef war, sondern nur seine Nichte. Es gelang mir, mich vor das Leintuch zu setzen, als hätte ich den Film nie gesehen, und hatte ihn doch schon zehnmal gesehen. Mein Vater trat hinter mich und legte mir seine Hand auf den Kopf und strich mir die Haare aus der Stirn. Zärtliche Gesten hatte er ein paar auf Lager, zärtliche Worte nicht, jedenfalls nicht für uns Kinder. Dann ging er hinaus auf die Terrasse zu den anderen und ließ mich allein mit den Männern und Frauen auf der Leinwand, die jeden Abend dasselbe taten und dasselbe sagten, aber immer so, als wäre es neu. Ich war rasend wie die Wally, wünschte Josef den Tod, ich liebte den Geier, den Wally aufzog, obwohl er Flügel hatte wie die Flügel des Adlers, den ich so sehr fürchtete …

Wieder tagträume ich und sehe die Farben der Tschengla, das Lilienweiß, Enzianblau, Erdbeerrot. Jeden Tag gehe ich über den Berg, der Schlossberg heißt, von dem meine Tochter gefallen ist, sie war einundzwanzig, seit wenigen Tagen erst einundzwanzig. Ihr habe ich so oft von der Tschengla erzählt. »Mama, erzähl mir von wo du klein warst!« Und immer sehe ich die zwei Polizisten vor mir, eine Frau, einen Mann, durch das Gartentor waren sie gekommen, sie haben mich von der Straße aus im Garten gesehen, ich habe die Rosen geschnitten. Ich sinke auf die Knie ins Gras und sehe das Unglück, noch bevor es ausgesprochen wird.

»Ist sie tot?«, stammle ich, der Polizist greift sich ins Gesicht, die Polizistin sagt: »Ein Hubschrauber hat sie ins Spital geflogen, sie wird notoperiert.« Noch ist der Name unserer Tochter nicht gefallen.

Paula war am Morgen mit einer Freundin auf den Berg gewandert. Klettern, sagte die Freundin, ich kenne mich aus, da gibt es einen tollen Steig, den nehmen wir.

»Mit diesen Schuhen auf keinen Fall!«, sagte ich.

Paula zwinkerte mir zu: »Mama, wir spazieren, mehr nicht.«

Die Turnschuhe waren gelb. Mein Mann und ich haben sie auf dem Schlossberg unter einem Apfelbaum verscharrt. Weil man irgendetwas anstellen muss, die Tage sind so unheimlich, so unheimlich lang, wenn ein Mensch fehlt. Irgendetwas muss man anstellen, irgendetwas, was so tut, als wäre es symbolisch oder ein Ritual, sonst weiß man ja nicht, wie man durchhalten soll.

Ich kann mir Idylle nicht anschauen. Ich kann sie nicht einmal denken. Ich will es nicht. Immer ist es, als ob sie gleich zerbricht. Ich bin erleichtert, wenn in einer Ecke etwas unverhofft Hässliches hockt und grinst und höhnt: Siehst du, etwas ganz Schönes gibt es nicht. Wenig Schöneres kenne ich als den Vogelbeerbaum. Am Schlossberg wächst ein mächtiger über den Weg. Dort gehe ich schneller.

Der Mann der Köchin hatte nicht nur den Führerschein, er konnte auch reparieren. Zum Beispiel reparierte er die kleine Lastenseilbahn, die vor dem Krieg gebaut worden war. Für die Holzfäller wahrscheinlich. Da war das Heim noch gar nicht gestanden. Dann sei der Betreiber gestorben, und nach dem Krieg war sowieso niemand für irgendetwas zuständig, niemand habe sich um die Seilbahn gekümmert und sie sei eingegangen. Mit der Zeit wäre sie erst zu Rost, dann zu Erde geworden, die Seile würden reißen und Schaden anrichten. Also taten mein Vater und der Mann der Köchin so, als gehörte der Aufzug von nun an zum Kriegsopfererholungsheim. Für den Betrieb stellte die Renovierung einen Fortschritt dar. Das war alles sinnvoll. Dem konnte keiner widersprechen. Keiner musste von nun an Schweres auf seinen Buckel laden und vom Tal heraufzutragen. Das übernahm die Technik. Personen mit der Bahn zu transportieren, war ausdrücklich verboten. Aber manchmal durften meine Schwester und ich mitfahren. Gretel hatte Angst, ich nicht.

Noch heute sagt Gretel: »Stell dir vor! Was passieren hätte können! Das war unverantwortlich vom Vati! Ich bin mir sicher, das hat die Mutti nicht gewusst. Was hat er sich dabei gedacht! Ich kann mich sogar erinnern, dass wir das gar nicht wollten. Ich jedenfalls nicht. Genau, das ist so, er hat uns gedrängt. Man stell sich das vor! Die Gondel war gar keine Gondel, die hatte kein Geländer, das waren nur ein paar Bretter, die zusammengenagelt waren, und die sind an vier Ketten gehangen, verrosteten! Und an einer Stelle geht die Seilbahn über eine Schlucht. Wir wären tot gewesen! Ich könnt mich heut noch aufregen!«

Ich sage: »Tust du eh.«

»Wir hätten tot sein können, Mensch!«

»Ich war ganz verrückt danach! Ich hätte es immer wieder wollen!«

»Ja, du!«

»Tut es dir denn leid?«

Gretel denkt nach und verzieht den Mund zu einem Lächeln: »Nein. Ich würde es auch wieder tun. Aber nur, wenn du mitmachst.«

»Das würde ich!«

Irgendwann wurde eine richtige Seilbahn daraus. Mit zwei Gondeln für je fünf Personen, richtigen Gondeln, die den Sicherheitsvorschriften genügten. Das hat der Bürgermeister der Ortschaft, zu der die Tschengla gehörte, in die Hand genommen. Ein gutes halbes Jahr Baustelle. Die Zeiten waren besser geworden und sollten noch besser werden. Und wurden sogar besser, als man erhofft hatte. Wir bekamen ein Telefon. Damit hatte niemand gerechnet. Die Leitung wurde zu uns heraufgelegt, das ging zugleich mit dem Bau der neuen Seilbahn. Im Speisesaal an der Wand hing der Apparat. Wir hatten ein Telefon und wussten nicht, wen wir anrufen sollten. Und bekamen auch keine Anrufe. Lange nicht. Irgendwann hüpfte ich durch den Speisesaal, da klingelte es. Wir hatten im Spaß bereits geübt. Ich nahm ab und sagte: »Hallo? Hier spricht das Kriegsopfererholungsheim.« Es war mein

Onkel Lorenz, den ich bis dahin noch gar nicht gesehen hatte. Er fragte, wer ich sei. Ich sagte: »Die Monika.« – »Aha«, sagte er. Ob der Papa in der Nähe sei. Ich legte den Hörer auf, weil ich dachte, so gehöre es sich, und rannte hinaus und rief nach meinem Vater. Bald darauf klingelte es wieder.

Außer unserer Kundschaft kamen nun auch Sommerfrischler auf den Berg, Nicht-Invalide, Normale, Deutsche hauptsächlich, aber auch Wiener. Die mieteten sich für eine oder zwei Wochen in den Bauernhäusern der Umgebung ein, wanderten, lobten die Gastfreundschaft, fuhren wieder nach Hause und empfahlen die Gegend weiter. Für diese Menschen war die neue Seilbahn gedacht. Auch, damit sie zwischendurch ins Tal hinunter zum Einkaufen fahren konnten. Unter diesen Sommerfrischlern seien feine, reiche Leute, hieß es, Doktoren, Hofräte, Männer aus wichtigen Ämtern mit ihren Frauen, die auch im Urlaub um Rat gefragt wurden. Oftmals kamen Anrufe herein, ob man diesem oder jenem, der in diesem oder jenem Haus Urlaub mache, etwas ausrichten könne. Manche dieser Menschen besaßen auch ein eigenes Ferienhaus, ein neu gebautes oder altes hergerichtetes. Gretel und ich gingen dann, um die Berichte auszuteilen. Das taten wir gern, es gab Trinkgeld, fünfzig Groschen, und wir hofften auf Nusskuchen. Wir klopften an die Haustür und riefen: »Telefonbericht!« Mann oder Frau erschien, und wir überreichten den Zettel, auf dem geschrieben stand, wer angerufen hatte. Tante Irma hat die Mitteilung geschrieben, Name des Anrufers plus einige Stichworte, worum es ging. Sie hatte die schönste Schrift, und fehlerlos war, was sie schrieb. Darüber war sie auch eingebildet. Tante Irma war für das »Übergeordnete« zuständig, sie war »die rechte Hand« unseres Vaters, über ihre Stubenmädchenfunktion hinaus eine Art Sekretärin und Aufsicht über das Personal, also sogar über der Köchin und ihrem Mann und der Lotte. Stubenmädchen hieß es nur auf ihrem Lohnzettel.

Die Gondeln der neuen Seilbahn waren aus Aluminium, sie blinkten, wenn die Sonne darauf fiel, nigelnagelneu waren sie, ein Symbol für die nigelnagelneue Zeit. Schon von weitem sah man, hier ist etwas Neues. Sobald die Saison vorüber war, wurde der Betrieb eingestellt. Unser Vater aber bekam einen Schlüssel. Man sah ein, dass für das Heim viel benötigt wurde und dass man den Versehrten beistehen und nicht kleinlich sein sollte, auch wenn das Kriegsopfererholungsheim keine österreichische Angelegenheit war, sondern eine deutsche, obendrein eine schwäbische. In Notfällen also durfte unser Vater die Seilbahn benutzen. Ganz selten war so ein Notfall. Einmal, als bei einer Frau aus der Nachbarschaft unverhofft die Wehen einsetzten. Ein anderes Mal, als sich ein Holzfäller schwer verletzt hatte. Aber auch, wenn Gretel und ich unseren Vater inständig baten und unsere schönsten Augen machten. Dann stellten wir uns in eine der Gondeln, fuhren nach unten und wieder herauf. Wenn wir Leute sehen, sollen wir uns klein machen. Und wenn uns irgendwann irgendjemand fragt, sollen wir alles abstreiten.

»Es war nur einmal«, sagt Gretel.

»Nein«, sage ich, »mindestens dreimal.«

»Einmal«, sagt sie.

»Dreimal«, sage ich.

Wir schauen uns gemeinsam eine der alten Fotografien an. Gretel sitzt auf einem Rodel, ich stehe neben ihr. Ich verziehe das Gesicht, ich wollte auf dem Foto aussehen wie eine der Damen in den Illustrierten, die im Speisesaal für die Gäste auflagen.

Und dann, es war an dem Tag, als der Fotograf seine Kamera auf ein Stativ gestellt hatte, um uns und die Invaliden abzulichten, da waren die zwei Männer gekommen. Die noch nie hier gewesen waren. In einem Opel Rekord waren sie zu uns heraufgefahren, einem hellgrauen mit einem Stoffdach. Mit einem deutschen Kennzeichen. Während wir uns für den Fotografen aufstellten, inspizierten sie das Haus ...

Die traurige Geschichte, die nun folgt, hat ihre Vorgeschichte, die erklären kann, wie ein Unsinn wird. Und dies ist die Vorgeschichte:

Es war im Winter gewesen. Das Telefon klingelte, wieder nahm ich ab, ein Mann war am Apparat, er wolle den Herrn Verwalter sprechen, diesmal legte ich nicht auf. Der Mann rief aus Stuttgart an, er war einer aus dem Verein, dem unser Heim gehörte, vielleicht sogar der Präsident. Er kündigte an, uns zu besuchen. Und das tat er auch, wenige Tage später war er hier. Ein kleiner Mann ohne sichtbaren Hals, sehr kurze Arme, sehr kurze Beine. Für jeden von uns hatte er etwas mitgebracht, mit buntem Zucker bemalten Lebkuchen. Er sagte, auf uns kommen gute Zeiten zu, andere Zeiten, bessere Zeiten eben, so ein Unternehmen wie dieses Haus könne in Zukunft nicht nur drei bis vier Monate im Jahr in Betrieb sein und die übrige Zeit stillstehen, das gehe einfach nicht mehr. Das wäre erstens schade und zweitens eine Verschwendung. Die Kriegsopfererholung werde natürlich weitergeführt wie bisher, effektiver und besser ausgestattet, nicht mehr in den besten Sommermonaten freilich, sondern in den Zwischensaisonen, also Herbst und Winter. Der Invalide sei wetterunabhängig. In den anderen Monaten aber solle das Haus nicht leer stehen, sondern als Hotel- beziehungsweise Pensionsbetrieb weitergeführt werden, profitabel, für diese Gegend und diese Luft zahle man gern. Mein Vater sei selbstverständlich weiter der Leiter, in diesem Fall der Hotelier, und er dürfe selbstverständlich mit einer saftigen Gehaltserhöhung rechnen. Insofern bleibe prinzipiell alles beim Alten, alles Übrige aber ändere sich.

Zuerst, sagte er, müsse das Haus angepasst werden, das heiße, umgebaut. Mehr Zimmer. Vielleicht müsse angebaut werden. Der Herr ließ sich durch das Haus führen und gab seine Kommentare ab.

»Was ist in diesem Raum?«

»Die Bibliothek«, sagte mein Vater.

»Eine Bibliothek?«

»Ja.«

»Ihr habt tatsächlich eine Bibliothek hier heroben?«

»Ja«, sagte mein Vater stolz. »Wollen Sie sehen?«

Wollte der Herr nicht. Nur einen Blick warf er hinein. Nicht einmal das Licht wurde angeknipst. Da könne man zwei kleine gemütliche Zimmer daraus machen, sagte er. Man habe herausgefunden, dass Menschen aus der Stadt, die in die Berge fahren, um dort Ferien zu machen, kleine, enge, gemütliche Zimmer vorziehen, urig, ein Nest sozusagen.

Und was mit den Büchern dann werde, fragte mein Vater.

»Mit den Büchern?«, sagte der Mann. Die Leute kämen ja nicht zum Lesen hier herauf. Dann könnten sie ja gleich unten bleiben. Beim Lesen starre man in ein Buch, hier heroben wolle jeder vernünftige Mensch die Berge anschauen. »Hier heroben will man sonnenbaden und wandern, Natur genießen und nicht stubenhocken.« Ob die sogenannte Bibliothek in der Vergangenheit denn heftig frequentiert worden sei.

Mein Vater musste zugeben, das sei nicht der Fall.

»Also?«, sagte der Mann. »Was ist zu tun?« Als erwarte er von unserem Vater die gleiche Antwort, die er geben würde, wenn ihn einer fragte.

Daraufhin begann mein Vater die Bibliothek abzubauen. Meine Stiefmutter nannte es »beiseiteschaffen«. Ich sage: Er hat die Bücher gerettet.

Ich erwähnte bereits, dass er zu dieser Zeit in der Abendschule die Matura nachmachen wollte. Dass er einmal in der Woche unten im Tal in der Stadt war, wo er ein kleines Zimmer gemietet hatte, das Geld kam diesmal nicht von der Kirche, sondern von der Gewerkschaft, ein Stipendium. Die Kurse waren eng auf zwei Tage gelegt. Freitag am Abend die erste Vorlesung, am Samstag von morgens bis abends durchgehend Unterricht und dann noch der Sonntagvormittag. Von nun an verließ unser Vater das Heim am Freitagmittag mit zwei vollen Koffern und kam am Sonntagnachmittag mit zwei leeren zurück. In dem Zimmerchen stapelte er die Bücher. Wie es weitergehen sollte, wusste er nicht. Sein Plan war, nach der Matura zu studieren, Chemie am liebsten, dann mit der Familie in die Stadt zu ziehen, eine gute Stellung anzunehmen, eine Wohnung zu mieten, groß genug, um darin einen Raum als Bibliothek zu verwenden, nach dem Vorbild des Baumeisters von Mariapfarr im Lungau. Er meinte, niemand wisse über den genauen Bücherbestand im Kriegsopfererholungsheim Bescheid. Er meinte, niemand werde ihm je draufkommen. Im Gegenteil, er tue dem Verein sogar einen Gefallen, die Zukunft gehöre schließlich nicht den Stubenhockern. Dass der Professor aus Tübingen in seinem Testament jedes Buch, das er dem Heim schenken wollte, einzeln angeführt hatte, das wusste er damals noch nicht. Also meinte er, glauben zu dürfen, er sei der Einzige, der die Bücher kennt. Nicht alle wollte er beiseiteschaffen. Das wäre aufgefallen. Aber rund fünf- bis sechshundert von den schönsten, interessantesten, wertvollsten wollte er retten. Die anderen mussten eben leider geopfert werden. Entweder in ein Antiquariat verfrachtet zum Kilopreis oder auf einen Flohmarkt oder zum Altpapier.

Und dann, nach Ostern, überraschend abermals ein Anruf aus Stuttgart: Übermorgen kommen zwei Männer, ein Architekt und der Rechnungsprüfer des Vereins. Das Haus solle vermessen werden, wegen Umbaus und eventuellen Anbaus. Außerdem solle der Bestand aufgenommen werden. Inventur sozusagen. Und jetzt, wo bald keine Gäste mehr da seien, könne man auch mit dem Ausräumen beginnen. Zeit ist Geld, und Geld ist Fortschritt, und Fortschritt ist zweifellos gut. Im Sommer bereits solle der Pensions- beziehungsweise Hotelbetrieb aufgenommen werden. Die Neuanmeldungen für den Invalidenturnus im Herbst und Winter laufen bereits.

Da waren aber noch an die zweihundert Bücher, die gerettet werden sollten, der schöne Kant zum Beispiel. Den zum Flohmarkt? Oder die dreibändige, reich bebilderte Ausgabe von *Des Knaben Wunderhorn* von Clemens Brentano und Achim von Arnim – ins Altpapier? Oder der Prachtband des *Don Quijote*, illustriert von Gustave Doré – ab in einen feuchten Keller, wo ihn der Schimmel frisst? Aber es war keine Zeit, um die Koffer zu packen und hinunter in die Stadt zu fahren und die Bücher ins Zimmerchen zu retten.

Ich gebe zu, das sind meine Überlegungen, meine. Was in unserem Vater vorging – woher soll ich das wissen? Wie ich es wende und drehe, es kommt nur ein Unsinn heraus.

Was nämlich tat er? Er wickelte die Bücher, die er noch retten wollte, in Wachstuch ein, sechs große Pakete, es waren Wachstischtücher aus der Küche, die während des Turnus über die Esstische gebreitet wurden, es gab Invaliden, die zitterten heftig, und es wäre zu viel Aufwand gewesen, nach jedem Essen, Frühstück, Mittagessen, Abendessen, die Tischtücher zu waschen. Er verschnürte die Pakete wasserdicht, und dann rief er mich. Ich solle ihm helfen …

Das ist mir alles rätselhaft! Warum ich? Ich habe mit Gretel nie darüber gesprochen, mit unserer Stiefmutter schon gar nicht. Mit niemandem. Nur mit meinem Mann. Was wollte mein Vater von mir? Er brauchte mich doch gar nicht, er hätte es auch allein geschafft. Es waren sechs Pakete, jedes zu schwer, als dass ich auch nur eines hätte tragen oder heben können. Er hat aus dem Schopf die Karrette geholt, hat zwei Pakete aufgeladen und das Ding zum Waldrand hinaufgeschoben.

Ich bin nebenhergegangen. »Was tust du?«, habe ich ihn gefragt.

Dann die nächste Fuhr, wieder zwei Pakete. Und dann die letzten zwei. Eines nach dem anderen hat er beim Waldrand abgelegt, hinter den Büschen, damit man die Pakete vom Haus aus nicht sehen konnte. Es war eh niemand dort.

Ich immer neben ihm her, habe immer gefragt: »Was ist das? Warum machst du das? Warum machen wir das?«

Er zur Antwort: »Wirst schon sehen. Frag nicht noch einmal!«

Er hatte dafür gesorgt, dass an diesem Tag niemand im Heim war. Nur er und ich. Die anderen sind mit Richard im Kinderwagen spazieren gegangen. Oder haben jemanden besucht. Ich weiß es nicht, sie waren nicht da. Zuletzt holte er einen Pickel und eine Schaufel aus dem Schopf, drückte mir die Schaufel in die Hand und zerrte oben am Waldrand einen Bücherpack nach dem anderen weiter in den Wald hinein, wo irgendwo ein umgestürzter Baum lag, dessen Wurzeln aus der

Erde herausgerissen waren. Da war unter dem Wurzelstock eine Höhle, so groß, ich hätte mich darin verstecken können. Dort hinein stapelte er die Bücherpakete, und dann hat er den Boden aufgepickelt und mit der Schaufel Erde über die Pakete gehäuft.

Ich half ihm dabei, mit den bloßen Händen. Und ich fragte wieder: »Warum tun wir das?«

»Das ist unser Schatz«, sagte er. »Ein Schatz wird vergraben. So gehört es sich für einen Schatz. Vergiss die Stelle nicht! Merk dir gut, wo unser Schatz liegt!«

»Und wem darf ich es weitersagen?«

»Niemandem.«

»Auch der Gretel nicht?«

»Nein.«

»Auch der Mutti nicht?«

»Niemand ist niemand. Sag das nach!«

»Niemand ist niemand. Und wann graben wir den Schatz wieder aus?«

»Irgendwann.«

»Bald?«

»Ja, bald.«

Wir häuften Laub und kleine Äste über die frische Erde, es sah aus, als wäre es immer so gewesen. Kein Schatz weit und breit. Auf einmal hob er den Kopf, schaute in die Baumwipfel hinauf und lief davon. Und ließ mich stehen. Mitten im Wald. Ich sah ihn rennen. Hüpfen, sollte ich besser sagen. Das Bein mit der Prothese zog er nach. Ich sah ihn mit angewinkelten Armen laufen und hörte ihn im Wald schnaufen. Im selben Rhythmus, in dem er die Arme bewegte. Wie es Kinder tun, die gerufen werden und denen gleich etwas blüht. Und ich war die Vernünftige. Ich wusste, was zu tun war, versteckte die

Karrette und das Werkzeug im Schopf. Mein Vater hatte sich mitsamt den Kleidern und Schuhen auf das Sofa in unserem Wohnzimmer gelegt und war auf der Stelle eingeschlafen. Und war nicht zu wecken. Schlief, bis die anderen von ihrem Spaziergang zurückkamen oder wo immer sie waren.

Ist das nicht eigenartig? Das alles? Darüber kann sich einer doch den Kopf zerbrechen!

Immer wieder fällt mir diese Geschichte ein. Die ja erst die Vorgeschichte ist. Mein Vater hat die Bücher vergraben, und er hätte es allein tun können, aber er wollte, dass ich dabei bin. Warum und warum ich? Das ist das Eigenartige daran. Richard war noch ein Baby, er lag in der Scheese. Wahrscheinlich hätte mein Vater lieber mit einem Sohn den Schatz begraben als mit einer Tochter. Die Gretel wäre die Ältere gewesen. Warum nicht sie? Er wollte mich dabeihaben. Ich, die Kumpanin meines Vaters. Es gab eine Zeit, da ekelte ich mich vor diesem Gedanken. Und es gab eine Zeit, da war ich stolz darauf, wenn ich daran dachte. Es kann doch nur sein, dachte ich, dass er mich als einziges seiner Kinder für würdig erachtet hatte, auf den Schatz aufzupassen. Es war wie ein kleiner Nebenzweig der Artus-Sage oder sonst einer Geschichte – *Die Wächterin des Schatzes*. Darüber gesprochen haben mein Vater und ich später nie. Später, als die Welt und vor allem unser Leben ganz anders war, fragte er mich einmal, ich war achtzehn oder jünger, was ich mir vom Leben wünsche. Ich antwortete, und das nicht, um ihm einen Gefallen zu tun, sondern weil es die Wahrheit war: »Ich wünsche mir, dass irgendwann auf einem Buchrücken mein Name steht.«

Warum hat er mich da hineingezogen? Wollte er, dass einer da ist, der weiß, wo der Schatz begraben liegt – wenn er nicht mehr ist? War der Gedanke schon in ihm, dass er sich »etwas antun« will – falls man ihm draufkommt? Unser Bruder Richard fällt mir ein. Der in den Tag hineingelebt hat. Der sich keine Sorgen gemacht hat. Der immer ohne Plan gewesen war, Tag für Tag, Jahr für Jahr. Ohne Absicht. Ohne Ziel. In den schon in der Schule so viele Mädchen verliebt waren. Und später so viele Frauen. Und das, weil er sich nie angestrengt hat. Er ist keiner hinterhergelaufen. Er hat sich um keine bemüht. Er hat sich nicht schön gemacht. Und er hat sich nie überlegt, wie er schön reden könnte. Alles ist ihm leichtgefallen, alles hat er leichtgenommen. Wenn er stank wie ein Iltis, weil er sich zwei Tage und zwei Nächte herumgetrieben, Marihuana geraucht und Bier getrunken hatte und in ungelüfteten Zimmern herumgeflätzt war, dann legte er sich in die Badewanne ins heiße Wasser, ohne Seife, ohne Shampoo, einfach in die Wanne legte er sich und blieb liegen, bis das Wasser kalt war. Dann heraus und, ohne sich abzutrocknen, die alten Kleider übergezogen. Er sagte: »Wenn alles schiefgeht, kann ich mich immer noch umbringen.« Das hat er dann auch getan. Ich traue unserem Vater zu, dass er genauso gedacht hatte. Und zwar, dass er seit seiner Kindheit genauso gedacht hat: Wenn alles schiefgeht, kann ich mich immer noch umbringen. Oder wie der witzige Nestroy sagt: »Wenn alle Stricke reißen, häng ich mich auf.«

Und dann meinte er, dass alle Stricke gerissen seien. – Die angekündigten zwei Männer aus Stuttgart kamen, der Rechnungsprüfer des Vereins und der Architekt. Es traf sich, dass zur gleichen Zeit, als sie über die Schotterstraße zu uns heraufuhren, der Bus hinter ihnen herfuhr, der unsere Gäste abholen sollte. Der Turnus war zu Ende. Der Fotograf wartete schon, die Invaliden warteten schon. Der Busfahrer sollte auch auf das Bild und wollte auch. Noch auf keinem Bild hatte er gefehlt. Auch ein Stück vom Bus sollte drauf sein. Das Hinterteil mit der krummen Leiter aufs Dach hinauf, wo die Koffer festgezurrt wurden. Die Herren aus Stuttgart, beide in kurzärmeligen Pullovern mit Rautenmuster, mit ähnlichen Krawatten, den obersten Hemdknopf geöffnet, beide Hornbrille, wie Zwillinge sahen sie aus und hatten sich doch, wie sie sagten, erst auf der Fahrt hierher kennengelernt, sie waren sehr freundlich, grüßten jeden mit Handschlag, sagten, man solle sich um Gottes willen nicht um sie kümmern, ein Glas Wasser und einen Kaffee, und alles sei in bester Ordnung. Unten im Tal hatten sie sich in einer Pension einquartiert, sie würden höchstens eine oder zwei, allerhöchstens drei Stunden bleiben.

Unser Vater setzte sich zu ihnen auf die Veranda.

Der eine, der Rechnungsprüfer, öffnete seine Aktentasche und sagte: »Ich habe hier eine Aufstellung aller Dinge, du meine Güte, was halt der Verein im Lauf der Jahre angeschafft hat, nur der Form halber, dass man einmal einen Überblick hat. Eine Art Inventur. Ich kann mir vorstellen, die Hälfte der Sachen kann man nicht mehr brauchen, da muss Neues angeschafft werden. Dass Sie auch sagen, was Ihnen und Ihrer Familie gehört. Wenn es Sie nicht stört, schaue ich mich einfach um und verschaffe mir einen Überblick.«

Er legte unserem Vater seine Unterlagen vor, wenn man den kleinen Packen Papier überhaupt Unterlagen nennen möchte. »Alles nur pro forma.« Damit den Vereinsstatuten Genüge getan werde. Ob mein Vater einen Blick darauf werfen wolle, bitte, das würde ihm die Arbeit erleichtern, sagte der Herr. Und da sah mein Vater die Liste der Bücher, die der Professor aus Tübingen dem Kriegsopfererholungsheim geschenkt hatte. Penibel und stolz nach Themenbereichen unterteilt – Philosophie, Geschichte, Belletristik, Naturwissenschaft –, die Autoren alphabetisch. Der Liste angeheftet war die betreffende Stelle aus dem Testament, von einem Notar mit Unterschrift und Stempel beglaubigt. Alle anderen Unterlagen waren irgendwelche Papiere, die meisten handgeschrieben – eine flüchtige Aufstellung der Küchengeräte, Aufzählungen von Bettwäsche und Vorhängen, Werkzeug und so weiter. Nur die Liste mit den Büchern hatte offiziellen Charakter. Und schien deshalb wichtiger als alles andere. Da wusste mein Vater – oder glaubte zu wissen –, dass sich der Herr Rechnungsprüfer in seiner Arbeit vor allem auf diese Liste beziehen würde. Wegen der anderen paar Zettel extra von Stuttgart nach Österreich in die Berge zu fahren, wäre blanke Idiotie gewesen und das Benzingeld nicht wert. Irgendetwas musste er dem Verein vorlegen, irgendeine Einschätzung der Lage, ganz gleich, welche Bedeutung er persönlich der Bibliothek beimaß, das einzige Dokument in seiner Aktentasche, das überhaupt ein Recht hatte, Dokument genannt zu werden, war die Liste der Bücher, die der Professor aus Tübingen vor seinem Tod dem Notar übergeben hatte, basta. Da wusste unser Vater – oder glaubte zu wissen –, dass man ihm draufkommen wird. Dass er ein Dieb genannt werden wird. Ein Betrüger. Dass man ihn rauswerfen wird. Entlassen. Fristlos. Von Hotelier keine Rede mehr. Dass er angezeigt wird. Wie meine Stiefmutter sagte: Die Deutschen kennen da nichts. Dass wir ausziehen müssen. Diebstahl. Wie unsere Stiefmutter sagte: Obendrein Diebstahl von etwas, das für die Ärmsten der Armen gedacht war, egal, ob diese Ärmsten der Armen daran Interesse hatten. Er wäre ruiniert gewesen. Wir wären ruiniert gewesen. Es wäre aus gewesen mit uns. Familienzerstörung.

Er hörte, wie nach ihm gerufen wurde. Die Kriegsopfer

warteten, der Fotograf wartete. Der Buschauffeur wartete. Man wollte endlich das Foto machen. Die beiden Herren aus Stuttgart sagten, er solle ruhig gehen, sie kommen schon allein zurecht. Da war kein Hintergedanke dabei, kein Misstrauen. Was sollte hier oben schon unrecht sein?

»Gehen Sie ruhig, wir kommen zurecht!«

Und nun erstarrt alles zu einem Bild. Der Fotograf arrangiert die Invaliden vor dem Kriegsopfererholungsheim. Im Hintergrund die Birken und die gedrehten Säulen vor der Haustür. Die ehemaligen Krieger fahren sich noch schnell durch die Haare, man möchte ja etwas gleichsehen. Einer spuckt auf den Kamm. Ein anderer zieht sich doch noch schnell ein frisches Hemd an.

»Wer soll denn sehen, dass du stinkst! Auf einem Bild kann man mit ruhigem Gewissen stinken.«

Alle anderen: »Ha, ha, ha, ha!«

Er: »Ich stink ja immer noch, nur das Hemd stinkt nicht.«

Alle anderen: »Ha, ha, ha, ha!«

Ein Dritter zieht sich heimlich die Hosenträger ab und steckt sie sich in die Hosentasche, er will einer mit einem Gürtel sein und nicht einer mit Gürtel und Hosenträgern, irgendwann würde irgendjemand das Bild anschauen und über ihn lachen – »Der da war wohl ein ganz Ängstlicher, darum ist er im Krieg nur angeschossen und nicht erschossen worden!« –, das will er nicht.

Die Frauen wickeln sich weiße Schürzen um den Leib. Die Lotte hat eine Schüssel und einen Schneebesen auf den Knien und tut, als rühre sie.

»Gibt's noch einen Pudding zum Abschied?«

Lotte: »Nein, nur damit keiner sagen kann, wir sind faul.«

»Viel zu wenig faul!«, ruft einer von außerhalb des Bildes.

Lotte: »Was heißt das?«
»Soll ich es wirklich sagen?«
»Ha, ha, ha, ha!«

Einige Männer setzen sich vor die anderen auf Stühle, das gehört zum Arrangement, so will es der Fotograf. So sollen sie hocken, nämlich, dass einer den anderen günstig abdeckt. Damit man die Prothesen nicht sieht und nicht sieht, dass hier ein Arm fehlt und dort ein Bein. Der mit der Seeräuberbinde über dem Auge will aber, dass man genau das sieht.

»Gut, meinetwegen, dann steh auf! Stell dich nach rechts! Oder doch besser nach links.«

Meine Mutter steht neben dem zarten Vater, der sich von allen unterscheidet, das Gesicht blass, die Haare aus der hohen Stirn gekämmt, die Augen halb geschlossen. Die Jacke ist zwei Nummern zu klein, geknöpft der oberste Knopf nur, wie Charlie Chaplin, zu kurze Ärmel, man sieht die weißen Hände mit den Klavierfingern, wie meine Mutter dazu sagte, obwohl mein Vater nichts mit Klavier zu tun hatte. Dagegen die Hose zu weit, auch wie bei Charlie Chaplin, eine Nummer zu groß. Der Bund ist viel zu hoch oben. Doppelbundfalte. Er ist ein kleiner Mann.

»Damals waren alle Männer klein«, sagt mein Mann. Er sagt: »Dein Vater sieht aus wie der junge Mao Tse-tung.«

»Du bist nicht der Einzige, der das sagt«, sage ich.

»Innere Werte waren damals hoch angeschrieben«, sagt mein Mann.

Ich sage: »Mein Vater war eindeutig der, der sich in der Tiefe ausgekannt hat. Nicht einen Faustschlag hätte er parieren können. Zwei Faustschläge hintereinander hätten ihn umgebracht. Aber die Stiere und Halbstiere, alle hatten sie Respekt vor ihm.«

»Die Tiefe, ha«, sagt mein Mann.

»Weil er Tiefe hatte, ja«, sage ich.

Mein Mann und mein Vater konnten einander gut leiden. Das hat angefangen, als mein Vater zum ersten Mal zu ihm sagte – da waren wir noch nicht verheiratet –, er dürfe gern ein Buch aus dem Regal nehmen, und mein Mann es in seinen Händen hielt, wie ich ihn gewarnt hatte, dass er es unbedingt tun soll und ja nicht anders, nämlich behutsam, wertschätzend, zärtlich, als wäre es etwas Lebendiges.

Ganz vorne stehen Gretel und ich. Und dann noch vor uns allen, in der Mitte des Bildes, der Ziehharmonikaspieler, er hockt am Boden, die rechte Hand an den Tasten, die linke an den Bässen, den Balg großspurig ausgefahren. Ich weiß, er konnte gar nicht spielen. Der Fotograf hat das Instrument aus dem Speisesaal geholt und es ihm an die Brust gedrückt und ihm die Arme und Finger gerichtet. Der Mann wusste nicht einmal, wie er das Ding halten soll.

»Spiel du!«, hat der Fotograf zu dem Mann gesagt. »Das sieht gut aus. Die passt zu deinem Gesicht. Da sieht man gleich, da ist eine Stimmung bei denen.«

»Ich, grad ich«, protestierte der Mann mit den schlechten Zähnen und dem Janker, dem man auch auf der Fotografie ansieht, dass er stinkt, »wo ich überhaupt keine Ahnung von der Musik habe, woher auch!«

»Man hört dich ja nicht, man sieht dich ja bloß. Es weiß ja kein Mensch, dass du nicht spielen kannst.«

Die anderen: »Ha, ha, ha!«

Der Mann wusste, das machen sie nur, weil sie irgendjemanden zum Auslachen haben wollen, nicht nur jetzt, sondern auch für die nächsten zwanzig Jahre und über seinen Tod hinaus: Der da vorne, das ist der Gernot, und zwar genau der,

der überhaupt keine Ahnung von der Musik gehabt hat, ausgerechnet der spielt das Akkordeon. Der Fotograf hat den Mann für das Bild regelrecht zurechtgeknetet. Das war sogar uns Kindern peinlich. Er hat ihn niedergedrückt, den rechten Arm dahin gebogen, den linken dorthin, den Hals leicht schief, den Mund auf, nicht so weit oder überhaupt zu, nein, besser doch auf. Er soll sich klein machen. »Duck dich!« Er soll nicht uns, Gretel und mich, verdecken. »Tiefer!« Kinder sind schließlich die Zukunft.

»He! Wo ist der Josef?«, ruft der Fotograf.

Unser Vater ist verschwunden. Wo ist er? Das geht doch nicht! Der Verwalter darf nicht fehlen. Da kommt er ja! Soll er sich halt daneben hinstellen. Jetzt wird nicht mehr alles umgebaut!

Irgendwann waren wir alle beieinander, und der Fotograf drückte auf den Knopf.

»Also«, sagte meine Stiefmutter noch einmal. »Was, denkst du, geht in diesem Moment in ihm vor?«

Ich schiebe die Fotografie zu ihr hinüber. Wie sie ihre Zigaretten zu mir herüberschiebt. Sie weiß, dass ich nicht mehr rauche, hätte aber gern, wenn ich eine Ausnahme mache. Ich hätte das Bild gern umgedreht, ich wollte es mir nicht mehr ansehen.

»Am selben Tag«, sagte meine Stiefmutter, »hat er sich in den Schopf geschlichen, wo er immer seine Versuche gemacht hat, in sein Laboratorium, kein Mensch hat gewusst, was er dort macht, diesmal hat er sich Gift zusammengemischt und hat es ausgetrunken. Das hat er mir erzählt. Seine Worte.«

Gefunden hat ihn die Lotte. Abends um neun Uhr.

Sie wollte Terpentin zum Putzen holen. Sagte sie. Da habe sie ihn gefunden. Ihr war aufgefallen, dass er nicht zum Abendessen erschien. Sie wusste, dass er gern im Schopf war, um dort, sie wusste nicht was, zu machen. Experimente. Sie wollte ihn besuchen, schützte vor, sie brauche Terpentin, ob er vielleicht welches habe, man habe ihr gesagt, er habe vielleicht welches. Was er unter »Experimente« verstand, interessierte sie nicht. Aber er interessierte sie. Seine Geistesabwesenheit ließ sie sich alles Mögliche einbilden. Tiefe eben. Sie, mit den rehbraunen Haaren, die nicht zu bändigen waren, passte den Vater ab. Immer wieder. Nie traute sie sich zu sagen, was sie dachte: dass sie ihn will. Drei für sie unaussprechliche Worte. Später werden Lieder gesungen, mit diesen Worten als Titel. Seine Frau, die da war, aber doch nicht, so weit weg war, als wäre sie über den sieben Bergen – sah sie auch nur irgendetwas, was um sie herum vorging? Ihr Blick war wie seiner nach innen gerichtet, und wenn sie den kleinen Richard auf dem Schoß hielt und über seinen Flaum streichelte, sah es aus, als wüsste sie nicht, was ihre Hände tun. Und was war, wenn sie in der Nacht neben ihrem Mann lag? Wusste sie, was ihre Hände taten, wenn sie ihn berührten? Und was sagten sie zueinander, er nahe an ihrem, sie nahe an seinem Gesicht? Und was sah er, wenn er in die Augen seiner Frau blickte? Mir war nicht nur einmal aufgefallen, wie Lotte meine Mutter beobachtete. Kein Zorn, keine Eifersucht, kein Lodern wie im Kopf der Geierwally, was mir furchtbare Angst gemacht, was ich aber auch spannend gefunden hätte, ich hatte erst zwei oder drei Filme gesehen, aber doch schon einen Stapel Bücher gelesen. Meine Mutter blickt ihrem Mann nach und denkt sich, dass sie so wenig von ihm weiß. Und ich weiß so wenig von ihr. Sie wird in der Erinnerung so still, das will ich nicht, das war sie nicht. Ich wusste, dass sich Lotte in meinen Vater verschaut hat. Bemerkte es meine Mutter wirklich nicht? Sie hatte sich ja auch in ihn verschaut. Als sie in Schwesterntracht vor seinem Lazarettbett gestanden war. Er hatte geschlafen und sie nicht bemerkt. Unterhalb des Knies hatte man ihm das Bein abgenommen. Höchste Zeit. Wegen Wundbrand. Noch nicht fünfundzwanzig war er. Er fieberte, die Haare klebten an seiner Stirn, glatt und schwarz. »Mein Chinese«, sagt sie. – Einmal, zufällig, habe ich gehört, wie sie mit ihrer leisen Stimme zu ihm sagte: »Mein kleiner Chinese ...« – Sie tupft sein Gesicht mit einem Tuch trocken, benetzt seine ausgedörrten Lippen. Versucht, ihm mit einer Schnabeltasse ein wenig Tee einzuflößen. Er murmelt im Schlaf. Sie muss sich von ihm losreißen und nach den anderen Patienten sehen. Sein Anblick lässt ihr die Zeit stillstehen.

Eine Versehrtenliebe. Wusste Lotte, wie mein Vater und meine Mutter einander kennengelernt hatten? Eine Invalidengemeinschaft, er auf der leidenden, sie auf der pflegenden Seite. Aber der Krieg war vorbei. Lotte war hübsch. Und sie wollte noch hübscher werden und sah Chancen. Hörte sie das Schleifen der Prothese auf dem Holzboden, zog sie den Bauch ein, fuhr sich schnell mit Spucke über die Brauen. Eine Liebschaft mit einem Versehrten, auch wenn er verheiratet war und Kinder hatte, würde immer auch ein Akt der Barmherzigkeit sein und müsste mit anderen Maßstäben beurteilt werden. Keine so große Sünde wie mit einem Starken, dem niemand jemals etwas angetan hat. Sie und er waren immer die Ersten am Morgen, die auf waren. Roch sie sein Rasierwasser, auf das mein Vater Wert legte, weil es seine Stellung in diesem Betrieb bestätigte, wenigstens am Vormittag, bis es sich verduftet hatte, bekam sie es mit der Furcht und verschwand in der Speisekammer. Dort standen Gläser mit Wasser, darin schwamm die gelbe Alpbutter. Sie rieb sich ein paar Tropfen Öl in die Haare, um sie zu bändigen, hörte ihn draußen und hielt den Atem an. Er hantierte in der Küche. Schaute nach Kaffee. Schublade auf, Schublade zu, Kasten auf, Kasten zu.

Sie tritt aus der Speisekammer, seufzt, als habe sie wieder einmal etwas gesucht, was nicht zu finden war, ähnlich wie er im Augenblick, und sagt mit flatternder Stimme, halb absichtlich flatternd, halb nicht, in ihrem weichen Kärntner Dialekt:

»Guten Morgen, Herr Verwalter, haben Sie eine gute Nacht gehabt?« Dabei denkt sie an meine Mutter, die wahrscheinlich noch schläft, und stellt sich vor, dass er halb wach unter der Decke nach ihr greift. »Ich koche Ihnen einen schnellen Kaffee, Herr Verwalter.«

»Das ist gut, Lotte«, sagt er, »einen schnellen und starken, ohne Milch, ohne Zucker, in der kleinsten Tasse wie die Italiener.«

Sie nimmt von den Privatbohnen der Köchin, sie weiß, wo die versteckt sind – ich wusste es auch –, und lässt eine Handvoll in die Mühle rieseln.

»Gib her«, sagt er. Er dreht die Kurbel.

Sie schneidet den Filter zurecht, dass er auf die Tasse passt, gießt heißes Wasser über den Kaffee. Gern würde sie auch so einen trinken. Aber die Bohnen der Köchin sind gezählt, auf um die zehn Stück genau. Sie stellt sich dicht vor meinen Vater und reicht ihm die Tasse. Beinahe sieht sie ihn an.

»Wasch dich unter den Armen«, sagt er – ich will, dass unser Vater so mit Lotte spricht …

Er lag im Schopf auf dem Boden, sah klein aus. Hat Lotte geschrien? Ich habe sie nicht gehört. Sie lief aus dem Laboratorium ins Haupthaus hinüber, schlug gegen alle Türen. Das habe ich gehört. Ihre Stimme nicht. Gretel und ich waren schon im Bett. Die Rettung wurde angerufen oder die Feuerwehr, Gretel meint, es war die Feuerwehr, sie kamen vom Tal herauf und brachten den Vater ins Spital. Tante Irma fuhr mit.

Gretel und ich geisterten durch das Haus. Unsere Mutter hatte sich im Schlafzimmer eingeschlossen. Zwei Zudecken über sich drüber und das Kissen um die Ohren gewickelt. Den kleinen Richard an ihre Brust gedrückt. Und kein Laut. Beide nicht. Gretel und ich hockten uns einmal in diesen Winkel, dann in einen anderen. Irgendwann hörten wir ein Auto und hörten Tante Irmas Stimme und hörten, wie das Auto wieder abfuhr.

Tante Irma holte uns an den Tisch, Gretel, unsere Mutter und mich, und sagte: »Dem Vati wird ein Stück vom Magen herausoperiert, aber er wird wieder gesund, zwar lange nicht, aber irgendwann, vielleicht nicht ganz, aber ziemlich.«

Unsere Mutter vergrub ihr Gesicht im Schlafkissen. Das hatte sie in den Speisesaal hinunter mitgenommen. Den kleinen Richard hielt die Köchin an ihre Schulter gedrückt. Der Mann der Köchin nickte und hörte nicht auf damit. Fast hätte ich im Namen aller zu ihm gesagt: »Bitte, hören Sie auf zu nicken, Herr Fritsch, bitte!«

Von nun an kam mir das Laboratorium, der Schopf, wie die Hölle vor, über die der Katechet im Religionsunterricht jubilierte, als ob er sich darauf freute. Die Käfer hausen dort. Die unter dem Mikroskop meines Vaters zum Fürchten aussahen. Und dennoch hatte ich sie immer wieder sehen wollen.

»Sollen wir Käfer anschauen?«, hatte er mich oft gefragt, mitten am Tag.

»Lieber nicht«, sagte ich.

»Gut, dann nicht«, sagte er.

»Also doch«, sagte ich.
»Lieber nicht«, sagte er.
»Bitte, doch!«, sagte ich.
»Ich weiß nicht.«
»Bitte!«
»Bist du sicher?«
»Ja.«
»Ich weiß nicht, ich weiß nicht, ich weiß nicht«, sagte er.
»Dann halt nicht«, sagte ich.
»Also gut«, sagte er.
So war unser Ritual. Ich wollte glauben, nur unseres.

Das Laboratorium war eigentlich nur ein breiter Tisch, auf dem ein Bunsenbrenner, das Mikroskop, viele Glasröhrchen und Tiegel standen. Er hob mich auf und setzte mich an ein Ende des Tisches.

»Und jetzt«, sagte er, »sag mir unser Gedicht auf! Dann darfst du dir den Käfer anschauen.«

Und ich zitierte und wusste nicht, was ich zitierte: »Walle! Walle, manche Strecke, dass, zum Zwecke, Wasser fließe und mit reichem, vollem Schwalle zu dem Bade sich ergieße.«

In der Nacht krochen die Käfer unter meine Zudecke und krabbelten auf meinen Füßen herum, und es nützte nichts, wenn ich strampelte, und sie krochen hinauf zu meinem Hals und in mein Gesicht, und ich lief hinüber ins Schlafzimmer und schlüpfte zu unserer Mutter ins Bett.

»Schlaf weiter«, sagte sie und hielt mich fest, damit ich nicht aus dem Bett falle, denn ich lag ja nicht zwischen meinen Eltern, sondern am Rand ihrer Seite, »morgen ist auch noch ein Tag.«

Diesen Satz sagte sie oft. Wenigstens einmal hätte ich den Satz gern zu ihr gesagt.

Nun übernahm Tante Irma das Kommando. So sagte sie es: »Das Kommando übernehme jetzt ich.«

Sie hat meine Schwester Gretel und mich liebevoll angelogen. Der Vati habe im Halbdunkel ein Glas verwechselt, sagte sie, einen Durst habe er gehabt, und das Glas mit dem Gift, das er für ein chemisches Experiment zurechtgemischt habe, sei neben dem Glas mit dem Holdersaft gestanden und habe zufällig völlig gleich ausgesehen, und weil er so einen Durst gehabt habe, habe er es in einem Zug hinuntergeschüttet. Schuld sei das schlechte Licht in dem Schopf, die trübe Lampe sei schuld.

Unserer Mutter konnte sie diese Geschichte nicht aufbinden. Unsere Mutter wusste, dass ihr Mann sich das Leben hatte nehmen wollen. Sie wusste nicht, warum. Bei ihr versuchte es Tante Irma anders.

Der Krieg sei schuld, sagte sie.

»Wir Frauen«, sagte sie, »wir haben ja keine Ahnung!« Nämlich keine Ahnung, was die Männer draußen im Feld alles mitmachen mussten, was ihnen dort zugemutet worden war, da sei das halbe Bein, das der Josef verloren habe, gerade noch das Geringste gewesen. »Von dem Schlimmsten können sie gar nicht sprechen, so schlimm war es«, das sei eine Tatsache. Es sei so, dass, je Schlimmeres einer erlebt habe, er umso weniger darüber sprechen könne. Das sei nachgewiesen, so habe sie es gelesen. Das Schlimmste aber sehe niemand, das sei in der Seele verschlossen und rüttle dort an den Stäben. Sie verwies auf ihren Bruder, den Lorenz, der lange in Russland war. »Hast du jemals den Lorenz irgendetwas erzählen hören? Also. Ich auch nicht.« Und genauso sei es beim Josef. »Wir wissen nicht, was er alles erlebt hat.« Er könne eben nicht darüber sprechen. Er sei sowieso schon ein Stiller genug, und dann auch das noch.

Und plötzlich breche es aus dem Mann heraus. Die Stäbe brechen. Ganz plötzlich. So solle sie sich das vorstellen. Da könne er nichts dagegen tun. »Er selber ist nicht darauf gefasst. Da sitzt er in seinem Laboratorium, will seine harmlosen Experimente machen, und da bricht es aus ihm heraus. Was wissen wir, was er da auf einmal vor sich sieht. Wie das Vieh aussieht, das da ausgebrochen ist.« Und in so einem Moment – damit versuchte Irma, ihre Schwester zu trösten –, in so einem Moment habe er das Gift geschluckt. »Schon im nächsten Augenblick hätte er es nicht mehr getan«, sagte sie.

Von den Büchern, die mein Vater »beiseitegeschafft« hatte, wusste Irma nichts. Sie wollte nur eines: Ihrer Schwester den Gedanken nehmen, sie sei irgendwie schuld.

Sie schrieb ihren Brüdern Heinrich, Lorenz, Walter und Sepp und ihrer älteren Schwester Kathe. Sie schrieb: »Kommt, Grete braucht uns.«

Unsere Mutter lag nur noch im Bett, aß nichts mehr, wusch sich nicht mehr. Die Köchin und ihr Mann und die Lotte hatten sich verzogen, wahrscheinlich verschanzt in ihren Zimmern. Da kamen die Geschwister, die verstreut im Land wohnten, es war später Vormittag. Sie stiegen aus Onkel Walters weißem Opel, traten ein in das Schlafzimmer und stellten sich vor dem Bett ihrer Schwester auf. Onkel Heinrich war nicht dabei – er wurde im Stall gebraucht, außerdem hätte er eh keinen Platz mehr im Auto gehabt. Seine Tochter, sie war sechs Jahre älter als ich, hatte zu ihm gesagt, er habe mit denen dort oben nichts zu tun. Die da oben seien Eigene und sollen sich auch um ihr Eigenes kümmern. Onkel Lorenz hat es gehört, Onkel Walter hat es ihm erzählt, aber er sagte, du brauchst es mir gar nicht zu erzählen, ich habe es gehört, über die Berge hinweg, und er hat mit dem Finger auf das Mädchen gezeigt. Ebenfalls über die Berge hinweg. Mit seinem Zauberfinger.

Und es war auch Lorenz, der als Erster etwas sagte: »Grete«, sagte er, »wir möchten dich sehen. Kriech unter deiner Decke hervor, Himmel! Zeig dich! Steh auf! Wir möchten mit dir reden!«

Gretel und ich waren nicht im Zimmer, aber wir schauten zum Türschlitz hinein. Unsere Mutti rührte sich nicht. Nur ihr lang gezogenes Schnaufen hörten wir. Uns beiden war auf einmal vor unsere Augen und Ohren hingestellt, dass alles kaputt war. Und nichts mehr zu retten. Und wir nicht wussten, wie es mit uns weitergehen kann. Mit uns beiden. Der Richard wird nicht untergehen, dachte ich, er ist zu klein, jeder wird ihn lieb haben wollen, den Süßen mit der Haartolle wie eine Schaumrolle und dem niedlichen Bäuchlein, das er so niedlich herausstreckt. Aber wir, die Gretel und ich? Meine Strickjacke mit den Fellbündchen konnte mir nichts mehr bedeuten, der Lebenstrost, den Schönheit geben kann, war weg. Die Jacke hätte jedem gehören können. Wie alles, was ich besaß. Sie hing an meinen Schultern, als wollte sie sagen, ich habe mit der da nichts zu tun. Hoffentlich, dachte ich, hoffentlich bleibt mir wenigstens meine Schwester. Ich drückte mich an sie. Und Gretel nahm mich zu sich auf.

»Ich verstehe es auch nicht«, flüsterte sie. Und das war sehr viel. Das hieß, du bist nicht allein. Fürs Erste genügte mir das.

Hinter uns, ich merkte es erst jetzt, stand Tante Irma. Ich schielte, wie ich es immer getan habe, wenn ich glaubte, die Welt nicht mehr aushalten zu können, und im Schielbild war sie weiß, ihre Schürze das gleiche Weiß wie ihr Gesicht. Augen, Mund und Nase im Weißen verschwommen. Ich dachte, bitte,

Gretel, tu oder sage noch einmal etwas, dann weiß ich, was ich zu sagen habe, ich sag's dir einfach nach.

Tante Kathe schickte ihre Brüder in die Küche, sie sollen dort mit der Irma warten. Sie will allein mit der Grete reden. »Und du, Lorenz, sag der Irma, was wir ausgemacht haben.«

Nie sind Gedanken die richtigen, nur selten. Ich meine damit, was einer in einem schrecklichen Augenblick wirklich denkt, ist manchmal viel banaler, als die Schrecklichkeit es eigentlich erfordert. Ich dachte: So, ab jetzt hat die Tante Kathe das Kommando übernommen, und dass Tante Irma das Schlafzimmer nicht betrat, wo unsere Mutti mit einer Verzweiflung kämpfte, die ich nicht für möglich gehalten hatte, das ist ein Zeichen, dass sie das Kommando an ihre ältere Schwester abgegeben hat, freiwillig. Ich dachte, vielleicht bleibt sie und Tante Irma geht. Es wäre alles nicht so anstrengend. Tante Kathe würde genau sagen, was ich tun soll. Und ich müsste es mir nicht selber zurechtlegen wie bei Tante Irma, und dann mache ich es doch nicht richtig. Ein paarmal hatte uns Tante Kathe auf der Tschengla besucht, ich kannte sie eigentlich nicht. Sie hat uns nie etwas mitgebracht, und das war gut, allein deswegen habe ich sie schon gemocht. Ich kenne kein Kind, das gern Danke sagt. Und wenn du einem Kind nichts mitbringst, zwingst du es nicht, Danke zu sagen. Sie hat mit mir gesprochen, wie sie mit einem Erwachsenen sprach. Ich musste sie also auch nicht anlächeln. Das wäre mir noch schwerer gefallen, als Danke zu sagen.

Als Irma und die Brüder in die Küche abgezogen waren, rief uns Tante Kathe ins Schlafzimmer herein.

»Ich will, dass ihr mir helft«, sagte sie. »Ja, genau ihr. Gretel, du fasst die Mama unter dem rechten Arm, Monika, du unter dem linken.«

Sie hob die Beine. Wir zerrten, und so setzten wir unsere Mutter auf die Bettkante. Sie hatte die Augen geschlossen. Sie sagte nichts. Aber sie schnaufte noch immer sehr laut. Mir war das unheimlich. Ich hatte das bei einem Menschen noch nie gehört.

»Grete«, sagte Tante Kathe, »du hörst mich doch. Du brauchst nichts sagen und auch nicht nicken. Ich red einfach. Die Gretel und die Monika helfen mir. Und der Lorenz ist da. Du hast selber einmal gesagt, wenn der Lorenz da ist, ist alles gut. Der Lorenz macht immer, dass alles gut ist. Er hat extra seine Sachen abgesagt. Der Sepp und der Walter sind auch da. So und jetzt auf mit dir! Auf die Beine! Gut, dann nicht. Dann bleib sitzen. Das geht schon. Schnauf aber nicht so, sonst wirst du ohnmächtig. Das sollten die Kinder nicht sehen.«

Tante Kathe tunkte einen Lappen in die Waschschüssel, die auf der Kommode stand, gab Seife darauf und wusch ihre apathische Schwester. Erst das Gesicht, dann die Arme, dann die Beine, dann den Bauch und die Brust. Zum ersten Mal und zum einzigen Mal sah ich die Brüste unserer Mutter. Die Gretel, sagte Tante Kathe, soll im Schrank nach frischen Sachen, Strümpfen und einem Kleid, suchen. Wir zogen unsere Mutter an, und sie ließ es geschehen. Gretel kämmte ihre Haare, sie kam kaum durch, so zerzaust waren sie. Ungeduldig riss sie am Kamm, und Mutti jammerte leise. Das konnte ich verstehen, bei meinen Haaren hat Gretel auch immer so gerissen, und ich habe auch gejammert. Ich war erleichtert, dass unsere Mutter jammerte und nicht mehr so laut schnaufte, wie ich es noch nie gehört hatte. Kathe band ihr die Schuhe um die Füße, dann lupfte sie ihren Körper, und wir schoben sie aus dem Schlafzimmer hinaus und hinüber in die Küche, wo ihre Brüder und Irma warteten. Walter hatte eine Bierflasche in der

Hand und saß auf dem Fensterbrett, Lorenz und Sepp tranken Kaffee, im Stehen. Sie richteten für ihre Schwestern Becher, füllten sie mit Kaffee und einem Schuss Schnaps, von dem Vogelbeerschnaps, der zudem gesund sei, gut für die Nerven und den Magen, und wieder begann Lorenz, der Mann mit der dicken runden dunklen Hornbrille, die aussah, als wäre sie ihm aus der Haut gewachsen, ich konnte mir nicht vorstellen, dass er sie nachts im Bett abtut:

»Grete, wir sagen Folgendes. Gradaus. Nämlich. Dass du zu mir und meiner Frau kommst. Bis der Josef aus dem Spital ist. Die Irma passt auf die Kinder auf. Den Kleinen kannst du ja mitnehmen ...«

Er hatte noch nicht fertig gesprochen, da sprang unsere Mutti von der Bank auf, auf die wir sie gesetzt hatten: »Nein«, sagte sie heftig. Mehr nicht. Und begann in der Küche herumzugehen, gar nicht bresthaft, sondern fidel und stramm, nahm das leere Bierglas dem Walter aus der Hand und hielt es unter das fließende Wasser, trocknete es ab und stellte es in das Regal, tat das Gleiche mit den Kaffeetassen.

»Im Kasten ist Kuchen«, sagte sie. »Wenn einer Kuchen will?«

Onkel Sepp, der Jüngste, schön, wie angeblich sein Vater gewesen war, Haare unter dem Hut hervor, schwarz wie ein Rabenflügel, eleganter Anzug, schmale Krawatte, immer eine Zigarette zwischen Mittelfinger und Ringfinger, aber nicht zwischen den vordersten Gliedern, sondern hinten beim Ansatz zur Hand, sagte: »Ich hätt gern ein Stück. Danke, Grete.«

»Es ist ein Nusskuchen«, sagte unsere Mutter.

»Hast ihn du gemacht?«, fragte Onkel Sepp. Wenn er an seiner Zigarette zog, legte er die ganze Hand über den Mund.

»Nein!«, lachte unsere Mutter, sie lachte tatsächlich. »Ich

kann doch keinen Kuchen! Niemand von uns kann einen Kuchen.«

»Ich kann einen Kuchen«, sagte Irma.

»So einen?«

»Wenn es sein muss.«

»Aber nicht so einen.«

»Aber einen, der mindestens so gut ist. Zum Beispiel einen Rhabarberkuchen.«

Mutti wandte sich an mich, ausgerechnet an mich: »Monika, sei jetzt ganz ehrlich! Magst du den Rhabarberkuchen von der Tante Irma? Ganz ehrlich jetzt!«

Und dann endlich, endlich weinte sie. Kein lautes unheimliches Schnaufen. Sondern ein ganz normales Weinen. Wie man es kennt. Von sich selber und von anderen. Wir waren alle erleichtert.

Tante Kathe war nicht geblieben, und unsere Mutter war nicht zu Onkel Lorenz und seiner Frau gezogen. Tante Irma hatte wieder das Kommando. Sie nahm sich zusammen. Wollte sanft sein. War es auch zu ihrer Schwester, zu Gretel und mir nicht so. Mir verzieh sie nicht, dass mich unsere Mutter gefragt hatte, ob ich ihren Rhabarberkuchen mag. Ich hatte gesagt, ja, den mag ich. Das galt aber nichts. Mutti hatte mich gefragt, sie wollte hören, dass ich ihn nicht mag. Wenn sie etwas anderes hätte hören wollen, hätte sie jemand anderen gefragt.

Einmal gingen wir vom Berg herunter und fuhren mit dem Bus ins Spital und besuchten unseren Vater. Auch Lotte war dabei. Vielleicht auch die Köchin. Unsere Mutter nicht.

Er lag im Bett, seitlich, sehr mager war er, das Gesicht spitz und blass, die Haare lang und ungewaschen. Seine Prothese lehnte am Nachttisch. Wir Mädchen standen neben dem Bett, scheu waren wir, als wäre er ein Fremder, er winkte uns zu sich.

»Wollt ihr ein Dessert?«, fragte er.

Ich sah zu Gretel hinüber.

»Wir wissen nicht, was das ist«, sagte sie.

»Das wisst ihr doch«, sagte er. »Wir haben doch einen Gasthausbetrieb. Ich bin doch ein Hotelier.«

Gretel sah zu mir herüber, ich hob leicht meine Schultern.

»Wir wissen auch nicht genau, was das ist«, sagte sie.

»Nicht genau?«, fragte mein Vater. »Ein bisschen wisst ihr es schon?«

Wir nickten, ich auch, obwohl ich es auch nicht ein bisschen wusste.

»Etwas mit Hotel?«, fragte Gretel.

»Ein Dessert«, sagte er, »ist ein Nachtisch. Mögt ihr einen? Er ist hauptsächlich gelb und in der Mitte ein bisschen rot.«

Ich schaute zu Tante Irma, ich sah ihr an, dass sie an den Rhabarberkuchen dachte, und sagte: »Ich mag gern einen Nachtisch.«

»Ich kann einen für euch auftreiben«, sagte er. Er drückte auf den Klingelknopf, der über ihm hing. Eine Schwester kam, und er, als wäre sie eine Kellnerin, bestellte zweimal Nachtisch und zweimal Sinalco.

Mitten im Essen und Trinken sagte Tante Irma: »Euer Vati will euch etwas mitteilen.«

Bis dahin hatte noch nie jemand mir etwas »mitgeteilt«. Man hat mir etwas gesagt, aber mitgeteilt nicht. Ich erschrak, und ich sah, dass auch Gretel erschrak. Das bewirkte bei ihr, und zwar automatisch, dass sie einen Schritt näher zu mir rückte. Um mich zu beschützen oder um von mir beschützt zu werden, das wusste sie selber nicht.

»Also, Josef!«, insistierte Tante Irma.

Nein, ich glaube, Lotte und die Köchin waren nicht dabei. Oder sie sind früher gegangen. Das kann auch sein. Wollten in der Stadt vielleicht etwas einkaufen. Wenn ich zurückdenke, und an diesen Augenblick kann ich mich sehr gut erinnern, fast könnte ich beschreiben, wie die Bettdecke aussah, unter der mein Vater lag, er hatte sie sich zwischen die Beine geklemmt, aber so, dass nur das gute Bein zu sehen war, dann sind da keine Lotte und keine Köchin, nur meine Schwester Gretel, unsere Tante Irma und ich stehen um das Bett herum.

Tante Irma noch einmal: »Also, Josef! Sag es, Josef! Deshalb sind wir gekommen.«

Dass unsere Mutti schwanger ist. Das war die Mitteilung. Dass wir ein Geschwister bekommen. Ich dachte: Jetzt, wo der Richard noch nicht einmal ganz fertig ist.

Als wir uns von unserem Vater verabschiedeten, geschah etwas, wovon Gretel und ich noch heute sprechen. Die Tür zum Krankenzimmer ging auf, ein sehr dicker Mann platzte herein, schaute sich um, stammelte etwas, dass er sich in der Tür geirrt habe, schmatzte, wollte schon wieder gehen, da fiel sein Blick auf unseren Vater.

»He!«, rief er aus. »Bist du das, Josef? Klar bist du das! He, Menschenskind, du lebst ja immer noch!«

Und Tante Irma so scharf, wie nur sie scharf konnte: »Hat jemand das Gegenteil behauptet?«

»Eh nicht«, murmelte der Dicke.

»Warum sagen Sie dann so etwas? Vor den Kindern? Es ist ihr Vater, der hier liegt!«

»Weil man das halt so sagt«, stammelte und druckste der Mann. »Das war doch nicht böse gemeint.« Und zu unserem Vater: »Du weißt das, es war nicht böse gemeint, Josef, du weißt das. Wenn man einen lange nicht gesehen hat, dann sagt man: Servus, lebst du auch noch. Ich habe nicht gewusst, dass es bei dir so schlimm ist.«

Da lachte unser Vater. Es war dieses freie Lachen, das wir so selten hörten. Dieses Lachen wie später in dem Schwulenlokal in Berlin, in das uns meine Schwester Renate geführt hatte – Renate, die damals im Bauch von unserer Mutti schwamm, wie uns soeben mitgeteilt worden war. Niemand wusste damals, ob es ein Bub oder ein Mädchen werden würde. Gretel und ich wollten ein Mädchen. Ein Schwesterchen. Wir schrieben auf das letzte Blatt von unserem Schulheft die Mädchennamen, die wir unserer neuen Schwester geben würden, wenn wir die Mutti wären.

Unser Vater blieb noch lange Zeit im Krankenhaus, ein Jahr. Warum so lang? War noch etwas anderes? Seine Frau brachte ein Mädchen zur Welt, sie nannten es Renate. Der Name stand nicht auf unserer Liste. Eine Hausgeburt. Die Hebamme umsorgte unsere Mutter, sie wollte erst von ihrer Seite weichen, wenn alles seine Richtigkeit habe, sie instruierte Gretel und mich, und wir funktionierten gut im Haushalt. Tante Irma war eifersüchtig. Auch eifersüchtig, weil es unserer Mutter besser ging. Es war halt so: Früher war sie ein Familienmitglied gewesen, eine wie die anderen auch, dann übernahm sie die Kontrolle, und das hieß für sie, sie war ein bisschen mehr. Wenn unsere Mutter nun sagte: »Geht schon, Irma, ich komme gut zurecht«, dann klang das für sie, als hätte sie gesagt: »Irma, wir brauchen dich nicht mehr.« Meine Mutter meinte aber: Sei wieder, wie du warst. Ihre Unzufriedenheit ließ Tante Irma an mir aus. Ich konnte ihr noch weniger recht machen. Dafür hätschelte sie unseren Bruder Richard. Wäre einer gekommen, ein Fremder, der hätte sich gedacht, Irma ist die Mutter von dem Buben. Wenn ich mich nicht täusche, hat einer von den Invaliden einmal etwas Ähnliches angedeutet. Gretel sagt heute, ich bilde mir das ein. Ja, ich bilde mir ein, gehört zu haben, wie er zu Tante Irma sagte: »Sie haben einen sehr hübschen Buben.« Und ich bilde mir ein, gehört zu haben, wie sie antwortete: »Gell, ja.«

Renate war sehr winzig, fanden Gretel und ich. Aber schön war sie. Immer und überall ein bisschen rosarot. Am liebsten sahen wir, wenn sie mit ihren Beinchen zuckte, da mussten wir jedes Mal lachen. Abwechselnd drückten sie einmal Gretel, einmal ich, dabei schauten wir auf die Uhr im Speisesaal, jede exakt fünf Minuten.

Unsere Mutter wickelte Renate in Laken und Tücher, und zusammen mit Lotte ging sie den Berg hinunter und fuhr in die Stadt und besuchte unseren Vater im Spital. Es sei zu gefährlich, wenn das Baby von unserer Mutter getragen werde, sagte Lotte und nahm ihr das Bündel ab. Was, wenn sie stolpere! Sie ging unsicher in ihren kleinen Sämischschuhen. Im Gesicht unseres Vaters sei Farbe gewesen. Lotte bestätigte das. Er konnte auch schon eine halbe Stunde um das Spital herumspazieren. Sein Anzug schlotterte an ihm, so abgezehrt war er, er durfte nur Milchprodukte zu sich nehmen. Am liebsten mochte er saure Milch, in die legte er Schwarzbrotscheiben, bis sie sich fast aufgelöst hatten, dann löffelte er.

Und dann war er wieder bei uns. Aber Gretel und ich waren wie Luft. Auch der kleine Richard, der schon gehen konnte und immer hinter Gretel und mir hertappte und immer lachte, nie weinte. Auch die noch kleinere Renate interessierte unseren Vater nicht. Wir waren Luft für ihn. Nur unsere Mutti galt etwas. Nicht etwas, sondern alles. Die beiden saßen auf der

Terrasse, als wären sie Sommerfrischler. Und wir bedienten sie. Kakao und Speckbrote. Er las ihr vor. *Kristin Lavranstochter*. Wir wurden nicht eingeladen zuzuhören. Sie waren ein Liebespaar. Muttis Kopf war wie angewachsen an seiner Schulter. Tante Irma kümmerte sich um Gerechtigkeit, sie übernahm wieder die Kontrolle. Und manchmal lächelte sie mich sogar an.

Alles war gut.

Auf eine beinahe bösartige Weise war alles gut. Um die Bücher hatte sich nämlich niemand geschert. Auch wenn unser Vater alle »beiseitegeschafft« hätte, niemand hätte sich darum geschert, niemand hätte ihn zur Rechenschaft gezogen. Wahrscheinlich wäre man ihm sogar dankbar gewesen. Dass er die Entsorgung übernommen hatte. Vorauseilend. Der Mann denkt mit, er weiß, was nötig ist, er wartet nicht erst ab, bis man ihm etwas anschafft, so einer kann gebraucht werden, solche Männer braucht das Land. Er hat das Gift umsonst geschluckt. Er hat gebüßt. Aber für etwas, was niemand für büßenswert erachtete. So viel Angst! Sterben wollen vor lauter Angst! So ein Aufwand! Wie bei den Sieben Schwaben! Sie rüsten sich für das Äußerste, und dann ist das Äußerste ein Hase!

Ja, alles ist gut geworden – auf eine bösartige Weise ist alles gut geworden.

Ich habe den Wald nicht mehr betreten. Ich weiß auch nicht, ob mein Vater die vergrabenen Bücher je wieder zurückgeholt hat. Einen Teil seiner Bibliothek habe ich geerbt, einen Teil Renate, einen Teil Gretel. Da sind weder der Kant noch *Des Knaben Wunderhorn* noch der Prachtband vom *Don Quijote* dabei. Als mein Mann und ich vor etlichen Jahren mit unserem VW-Bus auf die Tschengla fuhren, weil ich ihm zeigen wollte, wo ich aufgewachsen bin, da habe ich mir überlegt, die Stelle zu suchen. Ich habe hinaufgeschaut zum Waldrand, es war alles wie damals. Ich tat es nicht. Ich denke, der umgestürzte Baum, den hat man doch sicher nicht liegen lassen. Das war ja kein Urwald. Er hätte den Borkenkäfer angelockt. Den haben Holzfäller zersägt und abtransportiert. Vielleicht haben sie die Pakete gefunden. Und die Bücher untereinander aufgeteilt. Oder der Schatz liegt immer noch dort. Es gehört sich für einen Schatz, dass er nicht gefunden wird.

Ich habe ja noch gar nichts von der Schule erzählt! Die Wahrheit ist: Ich erinnere mich an fast nichts. An die Schulwege erinnere ich mich. Dass Gretel immer so getrödelt hat. Bei jedem Wurm ist sie stehen geblieben. Und getraut hat sie sich nichts. Sie war eine Spaziergängerin und keine Draufgängerin. Sogar wenn wir es eilig hatten, bummelte sie. Ich hatte es immer eilig. Sie nie. Wie unser Vater. Wenn er ging, egal wohin, sah es immer so aus, als hätte er kein Ziel. Als ginge er nur. Ein Flaneur, würde man sagen, wäre er einer gewesen, wie er immer einer sein wollte, ein Städter.

Zu mir sagte er einmal: »Wenn du gehst, denkst du ans Sitzen, wenn du sitzt, denkst du ans Liegen, wenn du liegst, denkst du ans Gehen. So wird das nichts.«

»So wird was nichts?«, fragte ich. Da war ich schon alt genug, hatte bereits Karl Jaspers gelesen. Und hatte bereits Karl Jaspers persönlich kennengelernt. »Willst du mit mir über das Nichts diskutieren?«

Ein anderes Mal sagte mein Bruder Richard zu mir das Gleiche. Dass ich beim Gehen ans Sitzen, beim Sitzen ans Liegen denke und so weiter.

»Und du?«, sagte ich.

»Ich«, sagte er, »denke beim Gehen ans Liegen und beim Sitzen ans Liegen und beim Stehen ans Liegen, und beim Fliegen denke ich auch ans Liegen. Ich denke immer ans Liegen.«

Nein, an die Volksschule erinnere ich mich nicht. Nur an die Schulwege. Die Schule empfand ich als weggenommene Zeit.

Es war ein Wintertag. Als wir das Schulgebäude verließen, schien noch die Sonne, bittere Kälte, keine Wolke. So viel Schnee lag, dass der Weg über den Berg hinauf wie ein in den Boden gefräster Kanal war, rechts und links Schneemauern. Jeder Ton wurde gedämpft. Manchmal sahen wir Raben über den Himmelstreifen fliegen. Gretel trödelte wieder, zog die Handschuhe aus, grub mit den Fingern Rillen in die glatte Schneewand. Dann kam ein Wind auf.

Ich sagte: »Das ist der scheinheilige Wind.«

Das war eine Wendung, die hatten wir erfunden. Scheinheilig, weil er sich sanft stellte, ein bisschen warm sogar, als wäre er ein Föhn, wo doch der Föhn selbst schon scheinheilig war und so tat, als wäre Frühling. Aber dieser scheinheilige Wind war kein Föhn. Er verlockte zu Unsinn.

Unser Unsinn war, dass wir vom Weg ab wollten, das heißt, ich wollte. Ich wollte, dass wir uns das letzte Stück, das steilste, durch den Tiefschnee kämpfen.

»Der ist ja höher als wir!«, protestierte Gretel.

Ich meinte, das sei ja gerade das Lustige daran. Dass wir einen Tunnel graben, einen Geheimgang, über uns und auf den Seiten nur Schnee, glitzernder, leuchtender Schnee, weil über dem Tunnel die Sonne schien, dabei schien sie gar nicht mehr. Da wolle sie nicht mittun, sagte Gretel. Ich sagte, dann eben nicht, geh ich eben allein. Weil ich mich darauf verlassen konnte, dass sie dann doch mittun wird.

Als wir schon ziemlich weit waren – es war auch gar nicht mühsam, der Schnee war leicht wie eine Federdecke und am Steilhang auch nicht so tief –, verdunkelte sich der Himmel, und sehr schnell verwandelte sich der scheinheilige Wind in einen Sturm. Wir gruben schneller, ich voran, es waren ja nur wenige Meter noch, bis wir die nächste Kehre erreichen würden, zurück wollten wir nicht. Der Sturm wirbelte den Schnee auf, und zugleich hatte es begonnen zu schneien.

Gretel hinter mir weinte. Ich rutschte aus und fiel auf die Knie, der Boden unter dem Schnee war hart gefroren. Meine Wollstrümpfe hatten ein Loch, ich blutete, der Schnee stopfte sich in die Strümpfe und in die Schuhe hinein. Unsere Köpfe waren bald unter dem Schnee, bald brach die Decke, und der Schnee fiel uns in den Nacken. Ein Baum krachte um. Dann ein zweiter, nicht weit von uns. Es knarrte und ächzte, als würden alte Männer aufbegehren. Wenn, dann riesige alte Männer.

Gretel betete. Wir erreichten den Weg, aber beim Bildstöckchen fiel ich wieder hin, und diesmal tat es wirklich sehr weh, etwas war mit dem Knöchel, ich konnte nicht mehr auftreten. Gretel schleifte mich neben sich her, ich legte meinen Arm um sie.

»Hör mit dem Heulen auf!«, sagte ich. Das sagte ich, damit ich nicht damit anfinge. Mein Gesicht war rotzverschmiert, unsere Haare nass, ich spürte die Beine nicht mehr vor Kälte, Schneewasser rann mir über den Rücken hinunter. Ich machte mir Wasser in die Unterhose, was mich wunderte, denn so viel Angst hatte ich selbst nicht erwartet.

»Hilfe!«, rief Gretel.

»Hilfe!«, schrien wir. »Hilfe!«

Wir hörten ein Auto. Menschen lasen uns auf. Sie zogen meine Schuhe ab, um zu sehen, was mit meinem Knöchel sei. Sie hatten Wollsocken bei sich. Die waren so groß, dass die Ferse bis über meine Waden reichte.

Zu Hause wollte niemand unsere Geschichte hören. Das war nämlich der Tag, an dem Wichtigeres erfahren worden war. Unsere Mutter trug eine dunkle Sonnenbrille ...

Chaos am Computerbildschirm.

Ich hatte mir einen Ordner angelegt mit der Überschrift: *Mutti*.

Dann alle Dokumente dort eingefügt.

Es ergab sich, dass ich zwei gleiche Dokumente hatte. Aus Vergesslichkeit habe ich sie gleich benannt.

Der Computer fragte mich: Willst du eines ersetzen?

Ich drückte auf: Ja.

Und da war das richtige weg.

So, dachte ich mir, ist es, wenn ich über unsere Mutti erzählen will. Sie ist wie ein flüchtiger Vogel. Kaum ist sie da, schon ist sie wieder weg.

Ich sehe sie am Küchenfenster stehen, ihre Hand liegt auf dem Sims, nahe daneben hüpft eine Tannenmeise von Korn zu Korn, die kleinste von dieser Sorte, sie pickt unserer Mutti aus der Hand, die Amsel pickt ihr auch aus der Hand, nur nicht der Spatz, der steht und schaut. Sie zieht die Hand zurück, dann nimmt er sich, was auf dem Sims liegt, und zappelt dabei.

Ich frage: »Fütterst du heute wieder die Rehe? Darf ich heute einmal mit? Mir laufen sie immer davon. Du kannst ihnen sagen, dass ich zu dir gehöre.«

»Morgen früh«, sagt sie, »für heute ist es zu spät.«

Ich gehe in den Keller und hole einen Krautkopf, schäle ihn ab und schneide die Blätter in Streifen.

»Das ist dann für die Rehe«, sage ich. »Darf ich morgen mit?«

»Ich überlege es mir«, sagt meine Mutter.

»Bitte, sag Ja«, sage ich.

Das Wichtigere, was an diesem Tag erfahren worden war: Unsere Mutter hatte Krebs.

Die Zeit verdunkelte sich, Mutti lag bald im Krankenhaus, und wir ahnten, dass sie nie mehr gesund werden würde. Wir ahnten es, weil sich alles veränderte. Als unser Vater im Krankenhaus gewesen war, hatte sich nicht alles verändert. Und bald wohnten wir auch nicht mehr im Kriegsopfererholungsheim. Einmal wurden wir hierhin gebracht, dann dorthin, fremde Gesichter, fremde Betten. Kein Richard, keine Renate. Nur Gretel und ich. Richard war bei Tante Irma. Aber wo war Renate? Was wirklich war, sagte uns niemand. Was mit unserem Vater war, daran erinnere ich mich nicht. Auf den Bildern in meinem Kopf fehlt er. Er sei immer im Krankenhaus gewesen, erzählt mir Gretel. Weil im Krankenhaus so wenig los gewesen sei, habe man unsere Mutti in ein Einzelzimmer verlegt und ein Bett für unseren Vater dazugeschoben. Nicht, weil sie prominent waren, um Himmels willen, das waren sie nicht. Sondern wegen der einmaligen Not dieses Mannes.

»Sind das deine Worte?«, frage ich.

»Nein«, sagt Gretel. »Man hat das so gesagt. Man hat mir erzählt, dass man es so gesagt hat.«

»Einmalige Not dieses Mannes?«

»Genau so.«

»Weißt du das hundertprozentig?«, frage ich.

»Was heißt schon hundertprozentig bei einer Erinnerung«, sagt sie.

»Vielleicht willst du nur, dass es so gewesen ist«, sage ich.

»Ich erfinde solche Worte nicht«, sagt sie. »Solche Worte erfindest du.«

»Wenn es wirklich so war ...«, sage ich.

»Wie soll es denn anders gewesen sein!«, empört sie sich. Als würde ich das Gegenteil behaupten. Das Gegenteil könnte doch nur weniger Liebe zwischen unseren Eltern sein, als tatsächlich war.

»Ich weiß es nicht«, sage ich.

Aus mit dem Paradies! Wir Kinder wurden aufgeteilt. Richard kam zu Tante Irma. Die hatte inzwischen einen Schatz. Den sie gleich, nach einem Monat bereits, heiratete. Ein mächtiger Mann. Ein Koloss. Wir hörten ihn ankommen, da dauerte es noch gut zwei Minuten, bis er das Haus betrat, so laut war seine Stimme. Sie dröhnte draußen in der Natur. Wie die Stimme vom Erzengel Michael mit dem Schwert. Ein blinder Koloss. Von nun an: unser Onkel Pirmin. Der Blinde. Aber nicht durch den Krieg blind. Der sich als Masseur ausbilden ließ und eine eigene Methode entwickelte, mit der er die hoffnungslosen Fälle wieder auf die Beine stellte – einer würde in ferner Zukunft mein Mann sein. Als er den Speisesaal betrat, schlug er sich am Türbalken den Schädel an. Ein riesiger Schädel. Das ganze Haus dröhnte und knackste. Der blinde Samson, der den Palast zum Einsturz bringt.

Er sagte, das war sein Standardsatz: »Es ist völlig in Ordnung, dass mir der Herrgott das Augenlicht genommen hat. Er hat mir ja sonst von allem zu viel gegeben.«

Zu denen kam unser Bruder Richard. Das war eh klar. Tante Irma hatte eh immer so getan, als gehöre er ihr.

Und die kleine Renate und Gretel und ich? Uns nahm Tante Kathe auf. Wir kamen nach Bregenz. In die Südtirolersiedlung. In die Dreizimmerwohnung, wo bereits fünf Personen lebten.

»Bis eure Mutter wieder gesund ist«, sagte Tante Kathe. Sie bemühte sich nicht einmal, selbst daran zu glauben.

Es war dieses Gefühl, als ob man mich bei etwas Unrechtem erwischt hätte. Dabei war unsere Mutti gestorben, und ich stand am Grab und dachte mir, wenn mich bloß niemand sieht, wusste aber, dass meine Schulklasse sich irgendwo vor den Büschen in der Nähe der Friedhofsmauer aufgestellt hatte. Ich war die Neue, und gleich schon stirbt ihr die Mutter. Das Begräbnis war mir peinlich. Wir waren den anderen lästig und ein bisschen unheimlich. Jetzt mussten sie auch noch auf den Friedhof kommen, Befehl vom Lehrer. Ich stand dicht neben Gretel, die den Mund nach unten zog und schniefte. Vor uns zwischen uns war Richard, wir hielten ihn fest. Er wand sich und trampelte in seinen kleinen engen Sommerschuhen, es war ja schon November, er traute sich aber nicht, einen Laut von sich zu geben. Er hatte Angst vor dem Loch. Wie soll das in den Kopf von einem Vierjährigen, dass man einen Menschen, tot oder lebendig, in ein Loch stopft? Tante Irma neben mir beugte sich immer wieder vor, um nach ihm zu sehen. Dann schaute er zu ihr hinüber, und Gretel und ich drückten ihn näher zu uns, um den anderen zu zeigen, dass er uns gehört. Er trug das gestrickte Mäntelchen mit der Kapuze, das ihm unsere Mutti besorgt hatte und das ihm damals noch viel zu groß gewesen war. Jetzt passte es ihm. Wenn sie gewusst hätte, dass er es zum ersten Mal auf ihrem Begräbnis anzieht. Wo die kleine Renate war, wusste ich nicht. Weiter hinten auf dem Arm von irgendjemandem. Es war unwahrscheinlich, dass wir zusammengehalten werden konnten. So dachte ich. Vielleicht verliert sich einer. Man interessiert sich zu wenig für uns. Man wird fragen: Zu wem gehört die? Zu wem gehört der? Und man wird sagen: Ist es nicht egal? Hauptsache, sie kann sich irgendwohin legen und kriegt irgendetwas zu essen und benimmt sich in der Schule, später irgendwann werden sie schon wieder zueinanderfinden. Heikel sind die ja nicht. Das wäre ja auch noch schöner. Es war im November und das Wetter unlustig, wie unser Vater solches Wetter nannte, Nebel, und ich dachte, wenn das alles nur endlich vorbei ist, wo alle so kindisch tun, dass wir unsere Mutti nie wieder sehen würden, wirklich und wahrhaftig nie wieder, das zu glauben, kam mir kindisch vor. Als wenn jemand Gespenst spielen will. Eine feuchte Kälte kroch von unten herauf. Ich drückte die Beine zusammen, damit mir nicht wieder das Wasser in die Unterhose rinnt. Das hätte mir gerade noch gefehlt. Besonders peinlich war mir die Stimme von Tante Irmas Mann. Als das Vaterunser gebetet wurde, hörte es sich an, als ob nur er betete und die anderen ein Rauschen unter ihm dazumurmelten, sogar die Krähen flogen auf. Auch dass er so mächtige Hände hatte, war mir zum Rotwerden. Dass er sie beim Beten vor sich hin hielt, in die Luft hinein, er konnte ja nicht sehen, wie das aussah, er war ja blind, trotzdem. Als wäre er die Hauptperson. Der wird von nun an auf alle Zeit uns zugerechnet, dachte ich. Ich schämte mich, dass meine Klassenkameradinnen alle sahen, wie hässlich meine Haarschleife ist. Und wie arm wir sind. So schäbig angezogen. Ohne Mutti ist ohne Würde. Sie konnte nicht kochen, aber sie war unsere Würde. Natürlich wusste ich damals nicht, was dieses Wort bedeutete, aber heute weiß ich es. Alle wissen: Die Gretel und ich sind noch dazu nur untergestellt bei den Armen, wir sind sogar noch ärmer als die Armen, die Ärmsten der Armen sind unsere Wohltäter. Sie haben uns ja besucht, die Mitschülerinnen, eine nach der anderen, um Beileid zu wünschen, in die Südtirolersiedlung sind sie geschickt worden. Tante Kathe hat sie alle an der Tür abgefertigt, sie hat keine hereingelassen. Sie hat nicht einmal die Schürze abgelegt. Ein Lehrer war auf die Idee gekommen und hat das organisiert. Wenigstens das, hatte er sich gedacht. »Geht und sagt der Gretel und der Monika, dass es euch leidtut, dass ihre Mama gestorben ist, ab mit euch!« Die Monika und die Gretel haben nur einen grauen Faltenrock, eine grüne Bluse, einen blauen Faltenrock und eine weiße Bluse. Haben für die Mutter den Tapetensarg genommen. Darunter geht es nicht. Die Ansprache des Seilbahnbesitzers am Grab handelte von seiner Seilbahn. Warum hat gerade der gesprochen? Hat sich sonst keiner gefunden? Dass oben auf der Tschengla nach dem Krieg eine selige Insel erschlossen worden sei, sagte er, auf der viele viel Gutes erleben durften. Ich wartete darauf, dass er bekannt gab, dass das Kriegsopfererholungsheim, jetzt, wo wir ausgezogen sind, endlich zu einem Hotel umgebaut wird oder schon wurde und dass alle Trauernden herzlich eingeladen sind, mit der Seilbahn hinaufzufahren, einmal Wurst und Brot gibt es gratis.

Ich wollte in den Boden sinken und stellte mir vor, dass es mir mit ungeheurer Kraft gelingen könnte. Ich müsste mich nur konzentrieren, die Augen auf den Boden heften, den Atem anhalten und am Blick ziehen wie an zwei Seilen, aus jedem Auge eines. Dieses Bild fiel mir wegen des Seilbahnbesitzers ein, als er mir die Hand gab und etwas murmelte. Ich erinnerte mich, dass er seinem dummen Sohn die Hände wund geschlagen hatte, damit er die Schularbeit nicht mitschreiben musste, damit nicht herauskommt, wie dumm er ist. Und dass der Sohn stolz war, so einen schlauen Vater zu haben. Die Schluchzgeräusche neben mir und vor mir und hinter mir kratzten an meinem Rücken und meinen Seiten wie Reibeisen.

Ich war elf.

Dann am Abend saßen wir bei Tante Kathe in der Küche in der Südtirolersiedlung – Onkel Lorenz, Onkel Walter und Onkel Sepp nebeneinander auf dem geblümten Sofa, dessen Beine schon zwei Mal, seit wir hier eingezogen sind, abgebrochen waren, weil Menschen es zu sehr belastet hatten. Tante Irma stand, Tante Kathe stand, auf dem Schemel hockte ihr Mann, an den ich mich in dem halben Jahr noch nicht gewöhnt hatte, ein Knochenmann, der sich ausschließlich von Bier ernährte. Alle waren stumm, wie abgedreht. So viele Menschen! So wenig Platz! Tante Kathe hatte ja auch noch drei Kinder, zwei Buben und ein Mädchen in unserem Alter und ein bisschen älter. Die vor ihrem dünnen Vater zitterten. Gretel, Richard und ich und reihum immer auf einem anderen Schoß die kleine Renate, die nur schaute, nie weinte, immer nur groß schaute mit ihren kugelrunden Kirschaugen. Und mittendrin wie der Mast auf einem Seeräuberschiff Onkel Pirmin, der blinde Riese, der alle paar Minuten seine Ratschläge in die kleine Küche hineindonnerte. Es nimmt mich wunder, dass zwischen so vielen Mündern überhaupt noch Luft war, ich bin niemandem böse, dem der Kopf wirr wird bei so vielen Personen, mir ist er auch wirr geworden.

Da sagte Onkel Sepp in die Stille hinein: »Wo ist eigentlich Josef?«

»Ich kann es nicht wissen!«, dröhnte Onkel Pirmin. »Ich nicht! Seht mich an! Hier steh ich!«

»Es wirft dir niemand vor, dass du blind bist«, sagte Tante Irma.

»Wo ist er?«, fragte Onkel Sepp noch einmal. Was ich vergessen habe zu beschreiben: Alle Männer rauchten, der Kopf des Blinden hoch über uns verschwand in blauem Nebel.

»Monika, Gretel!«, rief er zu uns herunter. »Wisst ihr denn nicht, wo euer Vater ist? Ist es in dieser Zeit denn nicht eure Aufgabe, das zu wissen!«

»Lass die beiden in Ruh«, sagte Tante Irma.

Das war erst jetzt aufgefallen, dass unser Vati nicht da war, erst jetzt, gute zwei Stunden waren seit der Beerdigung vergangen, und erst jetzt fällt auf, dass der Mann der Verstorbenen nicht hier ist!

»Beim Beileidwünschen«, sagte Irma, »war er jedenfalls noch da, er hat jedem den Handschlag abgenommen.«

»Das hast du schön gesagt, Irma!«, brüllte Pirmin. »Den Handschlag abnehmen! Das ist meine Irma!«

»Sei einfach einmal eine halbe Stunde lang still«, sagte Tante Irma – und damit verschwinden die beiden aus meiner Erinnerung an diesen Nachmittag.

Tante Kathe sagte: »Es geht niemand verloren.« Diesen Satz habe ich später sehr oft von ihr gehört. Es ist ein guter Satz, und wenn ich mir ihre Stimme dazu vorstelle, tut er mir noch heute wohl. Manchmal, wenn mir irgendetwas eine Enge in der Brust macht, sage ich den Satz leise vor mich hin und versuche, Tante Kathes Stimme nachzumachen.

Was Onkel Lorenz und Onkel Walter beigetragen haben, daran erinnere ich mich nicht. Gretel sagt, sie hätte damals nicht darauf schwören können, wer der eine und wer der andere war – Onkel Walter, der Große, Schlanke mit den roten Haaren und dem Narbengesicht, der immer einen Witz parat hatte, sogar wenn alle um ihn herum plärrten, wie man bei uns zu »weinen« sagt, und Onkel Lorenz, über den wir viele Geschichten kannten, so viele, dass wir lieber glauben wollten, es gibt ihn in Wirklichkeit gar nicht. Vor beiden habe sie sich gefürchtet, sagt Gretel. Sie habe sich vor allen Männern in der Familie gefürchtet – außer vor unserem Vati und ein bisschen weniger vor Onkel Sepp, dem Eleganten, den wir auch besser kannten, denn er besaß ein Motorrad, und oftmals war er zu uns heraufgefahren, immer eine Überraschung, er, der Lieblingsbruder unserer Mutter.

»Er kann doch nicht vom Erdboden verschwunden sein, der Josef«, sagte Tante Irma.

Ich dachte: Und wenn doch?

Wir waren noch nicht lange in Bregenz und kannten uns nicht aus. Ob sich Vati auskannte, wussten wir nicht.

Dann begann die Sucherei. Onkel Lorenz, Onkel Walter und Onkel Sepp schwärmten aus, wussten natürlich nicht, wo sie ihren Schwager suchen könnten, es wäre ein Zufall gewesen, ihn auf der Straße oder sonst irgendwo zu treffen. Das heißt, zuerst schickten sie Sepp vor, er solle beim Friedhof schauen, und wenn er ihn dort treffe, also beim Grab – »... dann lass ihn in Ruhe!«.

Beim Friedhof aber war er nicht. Also ausschwärmen!

Als die Brüder draußen waren, sagte Tante Kathe zu ihrem Mann: »Und du?«

Der Mann, den wir Onkel Theo nennen sollten, sagte: »Ich weiß ja nicht einmal, wie er aussieht.«

»Du weißt nicht, wie mein Schwager aussieht?«

»Nicht genau.«

»Wie genau weißt du es denn?«

»Nicht genau genug.«

»Dann setz dich jetzt dahin und streng deinen Grips an, und wenn es dir einfällt, wie er aussieht, dann geh und hilf meinen Brüdern, ihn zu suchen!«

Das tat er. Er setzte sich an den Küchentisch, starrte geradeaus, seine Backenmuskeln bewegten sich, unter der gespannten Haut waren sie einzeln zu sehen, der Mund ein lippenloser Strich, links eine Zigarette, nach ein paar Minuten stand er auf, grinste auf seinen rechten braunen Stockzähnen und sagte: »Dir zuliebe, Kathe, aber nur dir zulieb.«

Und ging. Wir sahen ihn durchs Fenster unten auf der Straße stehen und sich die nächste Zigarette anzünden, dabei bewegte er den Unterkiefer, als würde er den Filter kauen. Er rauchte Zigaretten aus der Schweiz. Dort arbeitete er auch. Alles in der Schweiz war besser als bei uns. Sogar der Zucker sei süßer. Die Nudeln waren gelber. Die Schokolade sowieso kein Vergleich. Die Suppenwürze ebenfalls kein Vergleich. Die Zigaretten vornehm mit Goldfilter. Als wir noch auf der Tschengla lebten, wussten wir Kinder nichts von diesem gesegneten Land. Wer dort Arbeit gefunden hatte, der durfte ruhigen Gewissens angeben.

Tatsächlich fand Onkel Sepp unseren Vater im Mehrerauer Wald unten beim See. Die Bäume troffen vor Nässe, er sah ihn langsam gehen, seine Haare nass, sein Mantel an den Schultern schwer vor Nässe, die Hände in den Taschen vergraben. Onkel Sepp war sehr behutsam mit ihm. Er führte ihn am Arm zu Tante Kathes Wohnung. Diese beiden hübschen, kleinen, zarten Männer. Die Maskenträger erkennen einander. Niemand kann in ihrem Gesicht lesen, aber gegenseitig können sie es. Gern hätte Onkel Sepp tröstende Worte gefunden, aber alles schien ihm unzureichend, so drückte er nur den Arm seines Schwagers an seine Seite und schweigend gingen sie. Aber sie gingen vom Weg ab, gingen durch das Unterholz im Wald, mussten sich ducken und über Umgestürztes steigen. Als wären die Wege nicht für sie gemacht. Aber könnten doch herausführen aus ihrem Schmerz.

Von diesen beiden Männern war unsere Mutter am meisten geliebt worden.

Mutti hatte uns erzählt, als sie ein Schulkind war in dem bitteren Winter 1931, da hatten ihre Eltern schon nicht mehr gelebt, habe Sepp vor der Schule auf sie gewartet. Da habe sich ein Bursch zu ihm gestellt, ein ausgeschulter, langer, und der habe ihn gefragt: »Wartest du auf den Kuckuck?« Onkel Sepp war sein Leben lang ein Schüchterner, als Kind schon einer, der sich pflegte, das heißt, der sich jeden Tag wusch und dem wichtig war, dass die Sachen, die er trug, etwas gleichsahen. »Warum Kuckuck?«, fragte er mit seiner leisen Stimme. »Und wer ist der Kuckuck?« Der Ausgeschulte hat es ihm erklärt. Dass die Grete gemeint war. Dass sie der Bagage ins Nest gelegt worden sei. So wie ein Kuckuck sein Ei in ein fremdes Nest lege, und dann schlüpfe aus diesem Ei eben ein Kuckuck aus und nicht eine Elster. Also die alte Geschichte. Wegen der der Pfarrer am Haus meiner Leute das Kreuz abmontiert hatte. Weil meine Großmutter, die schöne Maria, eine Hur sei, die sich mit Männern einlasse, während der eigene Mann im Krieg für Kaiser und Vaterland kämpfe. Sepp habe nichts gesagt. Er habe, und das erzählte mir nicht Mutti, sondern Tante Kathe, als sie schon fast hundert war, er habe im ersten Moment nicht ganz mitgekriegt, was für eine Beleidigung das war. Auch nicht, als Grete aus der Schule kam und auf ihn zulief und der Bursch, der ausgeschulte, sagte: »Da kommt ja euer Kuckuck.« – »Reg dich deswegen nicht auf«, sagte Grete zum Sepp, dem man im Gesicht nichts ansehen konnte, nie konnte man das, ein Gesicht wie eine schöne Maske. Aber Grete kannte ihn, und sie sagte noch einmal: »Sepp, gräm dich nicht! Ist doch wurscht. Lass ihn reden!« Er aber grämte sich, es war ihm nicht wurscht, und er wollte, dass dieser Bursch nie wieder so redete, wenigstens der. Er kannte die Geschichte von seinem Bruder Lorenz, der die Mutter mit dem Gewehr gegen den Bürgermeister verteidigt hatte, als der aufdringlich geworden war. Und er dachte sich, nun liegt es an ihm, die Schwester zu verteidigen. Heimlich holte er den Stutzen aus dem Haus, hängte seine Jacke darüber und machte sich noch am selben Nachmittag auf den Weg hinunter ins Dorf, er wusste ja, wo der ausgeschulte Bursch wohnte. So ging er auf der Straße, erst auf dem grob beschotterten Weg, der herauf vom letzten Haus führte, dem ihren nämlich, dann auf dem fein gekiesten Weg weiter ins Dorf. Nun verdeckte er das Gewehr nicht mehr. Es war ein reiner Zufall, meine Schwester Gretel sagt dazu, ein heiliger Zufall, dass einer, der des Weges kam, sah, wie der Neunjährige mit dem eingefrorenen Gesicht und mit dem Stutzen in beiden Händen schnellen Schrittes auf das Dorf zuging, er kannte den Buben, der war einer von der Bagage, da wusste man, was man zu denken hatte. Er lief mit dem letzten Atem hinauf zum Haus und rief schon unten am Brunnen nach dem Lorenz, und Lorenz rannte seinem Bruder nach und erwischte ihn gerade noch, als der schon vor dem Haus stand, in dem der Bursch wohnte. Was er mit dem Gewehr wolle. »Dasselbe wie du«, soll Onkel Sepp geantwortet haben. Und jeder in unserer Familie war und ist überzeugt, er hätte den Burschen, der seine Schwester Grete beleidigt hatte, abgeschossen, wenn ihm Lorenz nicht in die Quere gekommen wäre.

Und weil für meinen Onkel Sepp seine Schwester Grete immer die Liebste gewesen war, hatte er auch ein besonderes Auge auf unseren Vater.

Als er ihn im Mehrerauer Wald fand – ich will mir ausdenken, dass er so spricht –, sagte er: »Josef, du bist noch nie auf einem Motorrad gefahren, oder?«

Und Vati soll antworten: »Wär ich immer gern, bin ich aber nicht.«

Onkel Sepp: »Ich hol dich am Sonntag ab mit meiner 250er Puch.«

»Mit der schwarzen?«

»Mit genau der. Zweisitzer.«

»Eine schöne Maschine.«

»Ich bring sie auf Hochglanz.«

»Und wo fahren wir hin?«

»Hinüber nach Deutschland zum Beispiel. Rund um den Bodensee. In Meersburg ein Zwischenhalt. Fein mahlzeiten. Dann bis Konstanz und in die Schweiz und wieder hierher.«

»Oder bis nach Köln hinauf?«

»Das geht sich aber in einem Tag nicht aus. Was willst du denn in Köln, Josef?«

»Oder bis Hamburg.«

»Und dann auf ein Schiff?«

»Köln, Hamburg, Frankfurt, Berlin. Oder Ulm. Oder Mannheim.«

»Könnte es auch München sein, Josef? Früh am Morgen los, dann in München Weißwurst essen und am Nachmittag zurück und am Abend wieder da. Das geht sich aus.«

»Oder Zürich.«

»Noch besser. Ja, Josef! Zürich Flughafen!«

»Das ist gut. Ich bin noch nie geflogen.«

»Ich auch noch nicht. Wir schauen uns an, wie die anderen fliegen. Dann ein Züricher Geschnetzeltes und am Nachmittag wieder zurück.«

»Da freue ich mich drauf, Sepp.«

»Ich auch, Josef!«

Unser Vati hat gern über Städte in aller Welt gesprochen. Er hat ihre Namen gern ausgesprochen. Rangun. Surabaya. Lissabon. Rio de Janeiro. Später, als er wieder verheiratet war und wir beim Abendessen beieinandersaßen, hat er uns manchmal Hauptstädte abgefragt. Wir Mädchen, Grete und ich, wir haben immer verloren. Renate wusste viel. Richard wusste alle. Venezuela? Caracas. Angola? Luanda. Florida? Tallahassee. Das waren trotz allem schöne Abende. Das Paradies waren sie nicht, das war oben, 1220 Meter über dem Meer, für uns nicht mehr erreichbar.

Hamburg war die Lieblingsstadt unseres Vaters. Einmal war er dort gewesen. Um Renate abzuholen. Sie war sechzehn und von zu Hause abgehauen. Weil sie in einen Hippie verknallt war. Dann hat sich Interpol bei uns gemeldet. Die Tochter sei bei einem Ladendiebstahl erwischt worden – einen Schlafsack habe sie geklaut. Man solle sie abholen. Da hat sich unser Vater vorgedrängt und ist mit dem Zug nach Hamburg gefahren und hat Renate ausgelöst. Und hat sie nicht geschimpft, im Gegenteil, er ist mit ihr vom Jugendgefängnis an den Dom spaziert, und sie haben alle Achterbahnen ausprobiert, er hat sich mit ihr in die Geisterbahn gesetzt, und sie hat sich einen Teddybären schießen dürfen. Und dann haben sie sich den Hafen angeschaut und sind durch St. Pauli geschlendert und haben Eis geschleckt. Kein Wort über den Ladendiebstahl, kein Wort darüber, dass sie abgehauen ist.

Ja, Onkel Sepp hatte sich vorgenommen, seinen Schwager nicht aus den Augen zu lassen, und im gegebenen Augenblick wollte er ihm seine Freundschaft beweisen. Das sollte dann mehr sein als nur reden. Er konnte nicht so gut Schach spielen wie sein Bruder Lorenz, und über das Weltall wusste er auch nicht so viel zu sagen wie dieser und auch nicht über die Geschichte, es war ihm völlig egal, was Napoleon angestellt hatte, aber mit ihm zusammen konnte man gut schweigen. Unser Vater hatte gern jemanden um sich, der gut schweigen konnte.

Tante Kathe brachte unserem Vater trockene Sachen und sagte, sie wolle jetzt einen Glühwein aufsetzen, das hätten sich alle verdient. Sie schickte einen ihrer Söhne hinüber ins Gasthaus *Zum Sternen*, damit er einen Doppelliter hole, einen roten. Er solle es anschreiben lassen.

Wir haben unseren Vater nur kurz in den geliehenen Kleidern gesehen, eine beige Jacke mit Reißverschluss, die einmal ein Kumpan vom Onkel Theo hier vergessen hatte. Dann haben wir unseren Vati lange nicht mehr gesehen. Es war, als ob ein Stück Zeit aus meinem Leben geschnitten worden wäre. Die grausame Schere hat nicht viel übrig gelassen. Fast zum Vergessen wenig ...

Die Wohnung unserer Tante Kathe bestand aus dem Elternschlafzimmer, dem Kinderzimmer, dem Wohnzimmer und der Küche, und dann war da noch ein winziges Badezimmer mit einer Sitzbadewanne, einem Waschbecken und dem Klo, darüber ein kleines Fensterchen, das schwer zu öffnen war, man musste auf die Kloschale steigen, außerdem standen in der Vertiefung Putzmittel, an denen man die Hand vorbeischlängeln musste. Ich vermisste unser Klo auf der Tschengla, dessen Fenster aus Milchglas war, aber ein normal großes

Fenster, und wenn man es öffnete, konnte man auf die Birke vor dem Haus schauen, und es hat niemand an die Tür gepumpert, wenn ich eine »Sitzung« hatte, wie unser Vater dazu sagte, es gab nämlich noch ein zweites. Bis zu unserer Ankunft in der Südtirolersiedlung wurde das Wohnzimmer nur zu Weihnachten benutzt, für den Christbaum und die Bescherung, gesungen wurde eh nicht. Das Weihnachtsessen servierte Tante Kathe bereits wieder in der Küche, es unterschied sich nicht wesentlich vom jahresüblichen Sonntagsmenü, Suppe, Fleisch, Gemüse und Kartoffeln, Reis oder Nudeln. Reis mochte ich nicht, weil ich ihm im noch frischen Zustand ansah, wie er morgen und übermorgen als Suppeneinlage wiederauferstehen würde. Den Tag über waren wir nur in der Küche, alle – unsere Cousine und die beiden Cousins, wir drei Kinder, Tante Kathe und Onkel Theo und nicht selten Onkel Walter und Onkel Sepp. Auf dem Küchenkanapee schlief unsere Cousine, das heißt, wenn sie vor der Zeit müde war, verkroch sie sich ins Bett der Eltern, wurde in der Nacht geweckt und tapste in die Küche. Sie behauptete, sie merke es gar nicht, uns zuliebe behauptete sie das. Sie wollte nicht, dass wir ein schlechtes Gewissen haben. Wir waren es schließlich, die alles durcheinanderbrachten. Wo hatte sie denn geschlafen, bevor wir eingezogen waren? Doch nicht im Wohnzimmer? Das ist nie besprochen worden.

Meine Schwestern Renate, Gretel und ich, wir schliefen im Wohnzimmer, Gretel, die Älteste, auf dem Sofa, Renate und ich auf Matratzen am Boden, die ich am Morgen aufstellen und an die Kredenz lehnen musste, damit sie auslüfteten. Wir waren privilegiert. Im Wohnzimmer war es zwar kalt, die Luft dafür frisch. In der Küche konnte man es kaum aushalten, Onkel Theo war Kettenraucher, und nicht selten kamen Onkel Sepp, Onkel Walter, nicht so oft Onkel Lorenz zu Besuch, und auch sie zündeten sich eine an der anderen an. Die Küche hatte nicht mehr als vier Meter in Länge und Breite, schon nach einer halben Stunde konnte man die andere Wand nur noch ahnen. Tagsüber sollten wir allerdings nicht das Wohnzimmer betreten. Warum nicht, wurde ebenfalls nicht besprochen. Wir durften nur hinein, um etwas Dringendes aus unserem Koffer zu holen, und dann marsch, wieder heraus. Befehl von Tante Kathe. Ich nehme an, sie wollte nicht, dass ihre Kinder eifersüchtig auf uns werden – warum dürfen die, was wir nur an Weihnachten dürfen? Ihr Mann mischte sich nicht ein. Er saß in der Küche und trank Bier, rechts von ihm standen die vollen, links die leeren Flaschen, dazwischen der Aschenbecher, darüber hinweg sein Blick ins Weltall. Ich fragte mich, ob er überhaupt etwas denkt. Er redete nichts. Nur wenn einer »die Papen« aufmachte, während er die Nachrichten im Radio hörte, was er zu jeder vollen Stunde tat, dann brüllte er.

Manchmal konnte man sich in der Küche nicht umdrehen, so viele Leute waren da. Onkel Walter brachte gern eine Freundin mit, seine Frau selten, selten gefiel seiner Schwester eine dieser Freundinnen, die meisten waren dick und nahmen doppelt Platz ein, aber Tante Kathe war freundlich, auf ihre Weise allerdings, die als Freundlichkeit nur erkennen konnte, wer sie sehr gut kannte.

Auf der Tschengla, außerhalb des Turnus, waren die zwanzig Zimmer des Kriegsopfererholungsheims nur für uns gewesen. Wenn Gretel und ich Lust gehabt hätten, hätten wir einmal hier, einmal dort schlafen dürfen. Niemand hätte uns daran gehindert. In die Türfüllung zu jedem Zimmer war ein schwarz lackierter Bilderrahmen eingelassen, in den war je eine Alpenpflanze gemalt, realistisch in Öl. Darunter stand der Name. So gab es das »Alpenrosen-Zimmer«, das »Blauer-Enzian-Zimmer«, das »Gelber-Enzian-Zimmer«, das »Edelweiß-Zimmer«, das »Kuckucksnelken-Zimmer« und so weiter. Gerne spielten Gretel und ich Märchen nach, *Schneewittchen* zum Beispiel, dann war das Schloss der Königin, in dem ihr Spiegel hing, im Alpenrosen-Zimmer, wo tatsächlich ein mannshoher Spiegel an der Wand lehnte, das Haus der Zwerge war im Zirben-Zimmer und der Sarg von Schneewittchen stand im Türkenbund-Zimmer, dort lag Gretel mit verschränkten Händen auf dem Bett, denn sie war das Schneewittchen und ich die böse Königin. Oder wir spielten mit Mutti und Lotte und der Köchin Verstecken, und es war gar nicht so leicht, uns in dem geräumigen Haus zu finden. – Wo hätten wir uns bei Tante Kathe in der Küche verstecken können? Doch nur hinter den eigenen geschlossenen Augenlidern.

Ich mochte Tante Kathe. Ich fürchtete mich ein bisschen vor ihr, aber meine Brust wurde mir nicht eng, wenn es sich ergab, dass ich allein mit ihr war. Ich glaube, ich fürchtete mich damals vor jedem in der Familie, nicht nur wie Gretel vor den Männern, jedenfalls in der ersten Zeit in der Südtirolersiedlung. Vor allem vor dem älteren Cousin, es machte ihm Freude, uns zu ärgern, unsere Sachen zu verstecken oder uns in die Suppe zu spucken, nicht im übertragenen Sinn, sondern wirklich. Zwischen ihm und seinem Vater war es nicht gut. Da tat er mir fast leid. Er konnte nichts richtig machen. Wenn sein Vater etwas zu ihm sagte, dann war immer hintendran ein Rufzeichen. Nur Befehle. Oben auf dem Küchenkasten war der Ledergürtel reserviert. Der war zum Schlagen da. Geschlagen wurde nur dieser Sohn. Wenn der Vater mit dem Riemen schlug, verließ Tante Kathe die Küche. Einmal schlug er mit der Schnalle. Da ging sie dazwischen. Ich hörte, wie ihr Sohn hinterher im Gang draußen, das Blut rann ihm vom Ohr über den Hals und die Schulter bis zum Oberarm, zu ihr sagte: »Wenn ich sechzehn bin, schlage ich zurück.« Ich weiß nicht, ob er das getan hat. Ich weiß nicht, was aus ihm geworden ist. Ich weiß auch nicht, was aus seinem jüngeren Bruder geworden ist.

Die Cousine war anders, sie bemühte sich, lieb zu uns zu sein. Wenn sie irgendwoher etwas Süßes mitbrachte, gab sie es an uns weiter, behielt selbst nichts davon. Aber ich konnte den Eindruck nicht loswerden, dass wir auch ihr im Weg waren. Und ich rechnete damit, dass eines Tages ihr Geduldsfaden reißen würde. Was dann? Alle, dachte ich, warten darauf, dass wir endlich wieder verschwinden. Ich kann ihnen nicht einmal böse sein, wenn ich mich heute daran erinnere, und auch damals war ich ihnen nicht böse. Ich empfand uns selbst ja auch als eine Zumutung. Wenn wir bei mir einziehen würden, dachte ich, nein, das würde ich nicht dulden. Unsere Cousine war eine Mitleidige, eine Gute, sie dachte nicht so, die Süßigkeiten schenkte sie uns von Herzen, sie war vier Jahre älter als ich, und als sie siebzehn war, spekulierte sie mit dem Ausziehen und auch schon mit dem Heiraten, sie hatte einen Freund, einen sehr hübschen Italiener mit einem hübschen Namen. Sie wird ihn heiraten, und sie werden glücklich sein, er wird vor ihr sterben.

Tante Kathe hatte für alles eine Definition parat. Das ist so, und das ist so, und das Dritte ist so. Jedes Mal, wenn ihre Stimme in dieser bestimmten Art zum Punkt kam, nahm sie mir eine Sorge ab. Sie organisierte alles. Das Schuhputzen, das Kleiderauslüften, das Auskehren und Bodenscheuern, das

Spülen und Abtrocknen nach dem Essen, das Äpfeleinsammeln im Garten von Dr. Schallerbach jenseits der Südtirolersiedlung – »Die verfaulen sonst eh, aber passt auf, dass man euch nicht erwischt, und wenn, dann sagt nicht, wer ihr seid!« –, wer wann am Küchentisch seine Hausaufgaben zu machen hatte, wer am Samstag im Wasser von wem badete, wer von uns Mädchen bügeln durfte und wer zusammenlegen musste und so weiter. Jeder wurde eingeteilt, außer ihrem Mann, der nicht. Sie lobte nicht, wenn ich alles richtig gemacht hatte, aber sie sah mich an und grinste ihr Indianergrinsen, und das war viel. Gretel und ich wussten, wir waren hier, weil Tante Kathe es so bestimmt hatte, weil Tante Kathe eine aus der Bagage war und unsere Mutti eine aus der Bagage gewesen war, und die Bagage lässt die Ihren nicht im Stich. Sie war auch immer wieder traurig wegen ihrer toten Schwester. Dann saß sie am Küchentisch, am Nachmittag, wenn ihr Mann in der Schweiz bei der Arbeit war und ihre eigenen Kinder unten im Hof spielten. Sie rief erst Gretel zu sich, sagte: »Komm, Gretel, setz dich her!«, und nach einer Weile schickte sie Gretel fort und rief mich und sagte: »Komm, Monika, setz dich her, wir denken ein bisschen nach.« Worüber wir nachdenken sollten, das wusste ich genau. Nämlich über unsere Mutti. Aber nur nachdenken, nicht über sie sprechen.

Renate, unsere kleine Schwester, war zwei Jahre alt, als unsere Mutter starb. In der ersten Zeit schlief sie bei mir auf der Matratze, bevor sie eine eigene kleine bekam, eine Nachbarin hatte eine übrig. Ich erinnere mich gern daran, wie wir in einem Bett schliefen, am liebsten würde ich aller Sentimentalität freien Lauf lassen, wenn ich daran denke. Sie war meine Puppe, und sie war es gern, sie sagte es auch mit ihrem feinen rauen Stimmchen, jeden Abend vor dem Einschlafen flüsterte sie: »Ich bin deine Puppe.« Und wenn sie in meinem Rücken schlief, was sie besonders gern tat, ihr Bäuchlein an meinem Popo, sagte sie: »Ich bin dein Kohlenwagen, und du bist meine Lokomotive.« Es war so schön! Unserer Tochter Paula, als sie klein war, im Alter von Renate damals, brachte ich bei, dass ich ihre Lokomotive sei und sie mein Kohlenwagen, dann kicherte sie, und wir drückten uns aneinander, und sie legte ihr Ärmchen um mich.

Gretel und ich richteten Renate zum Schlafen her, wuschen ihr Gesicht, ihre Füße und Hände, putzten ihr die Zähne, drückten ihr erst das eine, dann das andere Nasenloch zu, damit sie ordentlich schnäuzte, und setzten sie aufs Klo, jeden Abend vor dem Zubettgehen taten wir so. Das war unsere Sache, und das sollte unsere Sache sein und bleiben, da mischte sich niemand ein. Renates Blase war unser großes Problem. Sie konnte ihr Wasser nicht eine Nacht lang halten. Gretel kniete auf der einen, ich auf der anderen Seite der Kloschale. Wir hielten Renate jede ein Knie und eine Hand fest und beschworen sie, zu bieseln. Wir drehten den Wasserhahn am Waschbecken auf und machten dazu noch: »Ws-ws-ws-ws-ws …«

»Kann nicht«, sagte Renate und verzog auch schon die Mundwinkel.

Einmal hatte sie vor Onkel Theo, dem Biertrinker, geweint, aus ebendiesem Grund, da hatte er zu ihr gesagt: »Nicht oben sollst du das Wasser herauslassen, sondern unten! Trink einen Schluck Bier, dann geht's.«

Sie hatte ihn nicht verstanden, es war ja auch das erste Mal gewesen, dass er mit ihr gesprochen hatte. Sie konnte nicht glauben, dass sie gemeint war.

Wir wussten, wenn wir erst im Wohnzimmer waren und das Licht gelöscht hatten – in der Tür war eine Milchglasscheibe, heimlich Lichtanschalten war also nicht möglich –, dann durfte niemand mehr ins Bad. Befehl Onkel Theo. Irgendwie war es ihm gelungen, dieses Verbot gegen Tante Kathe durchzusetzen. Der Hund war nämlich, um ins Bad zu kommen, musste man durch die Küche. Dort saß im Unterhemd Onkel Theo und rauchte und trank Bier und hörte zur vollen Stunde die Nachrichten. Anfangs schlichen wir hinter seinem Rücken vorbei, passten die Nachrichten ab, meinten, er höre uns dann nicht. Aber er hörte und brüllte. Und Renate weinte. Und Gretel auch. Ich nicht. Wir waren in der Falle. Tante Kathe stand am Herd neben dem kalten Wasserschiff. Ich kann auch sagen, warum ich nicht weinte: Nämlich, weil ich dachte, ich werde es Onkel Walter und Onkel Sepp und Onkel Lorenz sagen, und die werden dir in deinem weißen Trägerunterhemd die Ohren lang ziehen! So fest dachte ich es, dass ich mir einbildete, Onkel Theo kriegt es in seinem Kopf zu hören. Die Tatsache, dass wir schlichen, regte ihn besonders auf. Ich glaube, es war ein politischer Grund, ein Kompromiss, in wenigstens einem Punkt muss Tante Kathe ihm nachgeben, sonst kriegt er seine Wutanfälle, weil er sich ganz unter ihrem Daumen vorkommt, davor fürchtete sie sich. Und darum stand sie beim Wasserschiff und tat, als würde sie etwas richten, und sagte nichts.

Renate klemmte ihre Beinchen zusammen. Oft tröpfelte sie auf das Laken. Wir schmuggelten einen Porzellanhafen ins Wohnzimmer, der war für die Milch bestimmt. Niemand trank Milch in diesem Haushalt, niemand vermisste den Hafen. In den machte Renate hinein. Wenn etwas danebenging, trockneten wir es mit unserer Unterwäsche, die saugte gut. Dann schütteten wir das kleine Wasser aus dem Fenster. Wir hörten es aufs Trottoir platschen. Wir sagten, wenn jetzt unten einer vorbeigegangen wäre, und kicherten uns in den Schlaf hinüber. Überhaupt war das Kichern wichtig für uns, es hieß: Wir gehören zusammen!

Ich weiß, auch Gretel dachte oft an unseren Vater. Was mit ihm ist. Wo er ist. Wie es ihm geht. Ob er noch lebt. Wir hatten ja erfahren, dass man sterben kann. Aber weil niemand mit uns über ihn sprach, trauten wir uns auch nicht, miteinander über ihn zu sprechen. Gretel war abergläubisch, und es gelang ihr immer leicht, mich anzustecken.

Einmal sagte sie: »Wenn man etwas denkt, ist es da.«

Ich fragte: »Wie meinst du das?« Sie muss ja mehr wissen als ich, dachte ich, sie ist älter, also muss sie mehr wissen.

»Wenn du eine Zündholzschachtel auf den Tisch legst, ist sie da, das meine ich«, sagte sie. »Genauso ist ein Gedanke da, wenn du ihn denkst, nur sehen kannst du ihn nicht, aber da ist er trotzdem.«

Also durfte ich auf gar keinen Fall denken, unser Vater sei tot, genauso tot wie unsere Mutter. Dann wäre der Gedanke da, und er kann unseren Vater holen. Aber wie soll man sich anstellen, damit man etwas *nicht* denkt. Gerade dann denkt man es ja! Ich hätte gern mit Gretel darüber gesprochen, sie kannte sich auf diesem Gebiet ja offensichtlich aus, aber wie sollte ich mit ihr über einen Gedanken sprechen, den ich nicht denken darf?

Ich vermisste unseren Vater, und Gretel vermisste ihn auch. Und Renate vergaß ihn. Nicht einmal zu Weihnachten besuchte er uns. Und auch nicht zu Silvester. Und Richard vergaßen wir auch fast. Wie kann man fast vergessen ...

Eisblumen wuchsen an den Fenstern. Gretel wollte bei Renate schlafen, also wechselten wir uns ab. Ich lag auf dem Sofa, daneben stand ein Stuhl, damit ich in der Nacht nicht herunterfalle, aber ich bin oft über den Stuhl auf den Boden gestürzt, wenn ich zum Beispiel von Schlangen träumte. Und habe mir blaue Flecken geholt. Ich zählte die Blüten an der Tapete, wenn der Mond ins Wohnzimmer schien, zählte die Zweiglein der Esche vor dem Fenster und die Rillen im Holz der Sofalehne. Bis ich einschlief.

Gretel hasste die Morgengymnastik vor dem offenen Fenster, mir machte das nichts aus, es war wie Tanzen, und Tante Kathe gab den Takt. Ich wunderte mich selbst, wie elegant ich mich bewegte. Wenn ich mir einbildete, ich stehe auf einer Bühne, dann vergaß ich die Kälte. Ich wäre eine Tänzerin oder eine Schauspielerin oder beides. Ich warf den Kopf nach hinten, spielte Hingebung.

Tante Kathe sagte: »Übertreib's nicht!«

Zu Silvester kamen Onkel Sepp und Onkel Walter, Onkel Walter mit einer dicken Geliebten, er brachte zwei Kisten Bier mit – Onkel Sepp eine Flasche Whisky und Konfekt »für die Damen«, auch wir waren damit gemeint. Mir überreichte er eine Extrapraline, die hatte er in der Konditorei als Draufgabe bekommen.

»Bitte sehr, Mademoiselle«, sagte er.

Ich roch sein Rasierwasser, im Knopfloch seines Zweireihers steckte eine weiße Rose aus Seide, an ihren Rändern waren die feinen Fäden zu sehen, wie Härchen. Er trug wieder seine zweifarbigen Schuhe, die ich mir von ihm auf der Tschengla schon hatte erklären lassen – Budapester mit dem Lochmuster, schwarz-weiß, produziert in Deutschland von der Firma Heinrich Dinkelacker, bis an mein Lebensende werde ich mir diesen Namen merken. »Wenn der Winter vorbei ist«, sagte er, »hole ich dich ab, und wir flanieren am Seeufer entlang.«

Ich wollte sagen, ich bin doch erst vierzehn und habe nichts zum Anziehen.

»Sie wird eine Schönheit«, sagte Onkel Walters Geliebte und hob meine Haare.

»Das würde grad noch fehlen«, sagte Tante Kathe. Damit war das Thema beendet.

Um Mitternacht sollten wir einander ein gutes Neues Jahr wünschen – »anwünschen«, wie es bei uns heißt. Meine Schwestern und meine Vettern taten das brav, und sie bekamen dafür zwanzig Schilling. Onkel Walter, schwer angeheitert, hatte die Scheine locker in der Tasche, wie man so sagt, seine Scheine waren zu einer armdicken Rolle gedreht und von einem Marmeladeglasgummi zusammengehalten. Ich weigerte mich, ihm ein gutes Neues Jahr zu wünschen. Ich wollte nicht, dass er wie bei den anderen Kindern so großspurig die Hand vorstreckt mit der Geldrolle darin, wie er bei der anderen Hand genauso großspurig den Daumen ableckt und dann in einer flinken Wegwerfbewegung zwei Scheine zu mir herüberfegt. Ich versteckte mich hinter dem Vorhang, wie eine Vierjährige, eine Vierzehnjährige würde das nicht tun. Das machte ihn zornig.

»Sag es jetzt!«, brüllte er.

Aber es war ein anderes Brüllen als das Brüllen von Onkel Theo. Ich roch seinen Achselschweiß. Es grauste mich nicht. Es war Familiengeruch, und es war Familienbrüllen. Ich dachte, ein Wolf riecht so wie er. Ich hatte nie einen Wolf gesehen, auch auf Bildern nicht. Ich dachte, ein Wolfsfell wird so sein wie die Haare von meinem Onkel Walter, rot. Auf seinem Gesicht drängte sich ein Krater neben dem anderen, als Jugendlicher hatte er an Akne gelitten. Mir gefiel das. Und ich dachte, wie es sich wohl für seine Geliebte anfühlte, wenn sie ihn streichelte.

»Sag es!«, brüllte er wieder.

»Lass sie!«, sagte Onkel Sepp.

Vom Bierrausch stand Onkel Walter unsicher, den Whisky hatte er nicht probieren wollen, er soll mit dem Zeug abfahren, hatte er zu seinem Bruder gesagt. Nun streckte er wieder die Hand vor mit der Banknotenrolle darin, riss einen Fünfziger heraus und flatterte mit dem Schein vor meiner Nase herum. Ich tat unbeeindruckt.

Onkel Sepp sagte: »Gib ihr einen Hunderter! Wenn schon, denn schon!«

»Glaubst du, das tu ich nicht? Du glaubst also, das tu ich nicht«, knatterte Onkel Walter seinen Lacher heraus.

»Tu's oder tu's nicht«, sagte Onkel Sepp ruhig.

Walter fächelte mit einem Hunderter erst sein, dann mein Gesicht. Als wär's heiß, als wär Sommer, als lägen wir am Strand von Caorle. Ich wusste, nicht nur er hatte immer wieder eine Geliebte, auch seine schöne dicke Frau hatte einen Liebhaber, sie immer denselben allerdings, einen Versicherungsvertreter, mit dem sie gern Foxtrott in der Küche tanzte. Ich wusste auch, dass die Geliebte, die Onkel Walter heute mitgebracht hatte, auf den Strich ging. Ich wusste es von meinem Cousin. Der hatte mir verraten, er werde Onkel Walter fragen, ob er sie ihm für eine Viertelstunde ausleihe.

»Hört auf!«, ging Tante Kathe dazwischen. »Lasst sie in Ruhe! Sie spinnt! Sie wird schon wieder normal.« Und zu mir: »Hundert Schilling sind ein Haufen Geld, schreib dir das hinter die Ohren!«

»Sie wird schon wieder normal«, schloss sich Onkel Sepp seiner Schwester an, auch, weil er fürchtete, die Situation könnte eskalieren, er kannte seinen Bruder.

»Aber dann ist es vielleicht zu spät«, sagte Walter und zog noch einen Hunderter heraus. »Meine Hunderter haben Heimweh.«

Ich war in Versuchung, als ich die Scheine so knapp vor meiner Nase sah. Was könnte ich alles damit kaufen! Aber ich wusste auch, meine beiden Vettern würden mich zwingen zu teilen, und am Ende hätte ich nicht mehr als einen Zwanziger. Wenn überhaupt. Der ältere hatte erst vor ein paar Tagen gedroht, er werde Gretel die Zöpfe abschneiden und sie dem Friseur seines Vertrauens verkaufen. Gretel hatte sich beide Hände an den Kopf gehalten und die Augen aufgerissen. Da nahm er ihren Handarbeitskorb mit den schön gerollten bunten Wollkugeln, den geordneten Nähnadeln, den feinen Garnen, den Häkel- und Stricknadeln und warf ihn ihr mit aller Wucht an den Kopf. Der würde mir das Geld nicht lassen, nicht einen Zwanziger.

Und nun Achtung! Walter streckte mir die ganze Banknotenrolle entgegen. »Und wie wär's damit? Wie wär's damit? Das möchte ich jetzt sehen! Das ist ein ganzer Monatslohn!«

»Jetzt hör aber auf, du Idiot«, sagte Onkel Sepp, und Tante Kathe sagte das Gleiche. Walter gab seinem Bruder einen Stoß, der fiel an die Tischkante, der Christbaum kippte zu Boden und riss mich mit, das Blut rann von der Schläfe über den Hals in das weiße Sonntagshemd hinein. Aber – noch einmal Achtung! – gleich sprang Sepp auf die Beine und versetzte seinem Bruder, der einen Kopf größer war als er, einen Schwinger, dass er in den Baum stürzte, und sein Monatslohn rollte mir sozusagen in den Schoß. Ich nahm die Rolle und warf sie und traf Onkel Walter an der Stirn.

Im Bett schimpfte mich Gretel, wie man nur so stur sein könne und auf so viel Geld verzichten. Zusammen hätten wir uns drei Strumpfhosen kaufen können.

»Wieso wir?«, sagte ich. »Das Geld hätte doch mir gehört.«

»Man kann ja auch jemandem etwas schenken«, sagte sie und drehte sich so geräuschvoll um, dass ich wissen musste, sie war gekränkt und zornig.

Was sind wir denn für welche, dachte ich in mein Kopfpolster hinein. Kann man mit uns machen, was man will? Weil wir keine Familie mehr haben? Ich bin doch kein Tanzbär! Jetzt sind wir sogar für die Verwandtschaft die Deppen! Jetzt gehören wir zu niemandem, endgültig zu niemandem. Ich wollte Gretel wecken und ihr sagen, dass ich auf jeden Fall das Geld mit ihr und Renate geteilt hätte, weil wir ja zusammengehören. Aber ich wollte ihr auch sagen, dass wir nicht die Tanzbären sind, von niemandem, und von keinem die Deppen. Aber Gretel schlief schon.

Am Heiligen Abend nicht und auch am Silvesterabend nicht war über unseren Vater gesprochen worden. Und was war mit unserem Bruder Richard? Gehörte der auf einmal nicht mehr zu uns? Kein Wort über ihn. Mit ihm hätte ich das Geld auch geteilt. Hoffentlich, dachte ich, hoffentlich sagt ihm Gretel nicht eines Tages weiter, dass ich das Geld, wenn ich es behalten hätte, nur für mich behalten hätte.

Renate konnte nicht einschlafen, weil sie noch so aufgeregt war, und fragte: »Wer ist die Mutti?«

»Wie kommst du darauf?«, fragte ich.

»Wer ist die Mutti?«, fragte sie nur wieder.

»Ich sag es dir morgen.«

»Warum nicht jetzt?«

»Weil ich zu müde bin und du auch zu müde bist.«

»Ich bin nicht müde.«
»Du bist müde und weißt es nur nicht.«
»Ich bin gar nicht müde. Darf ich zu dir?«
Sie setzte sich auf ihrer Matratze auf und stieg über den Stuhl zu mir auf das Sofa. Viel Platz hatten wir nicht. Sie klammerte sich an mich, weil sie Angst hatte herunterzufallen.
»Bist du mein Kohlenwagen?«, fragte ich.
»Ich bin doch groß«, sagte sie.

Kann man das glauben? Da waren wir schon so lange in der Südtirolersiedlung, und niemand hat je mit uns über unsere Mutter oder unseren Vater gesprochen! Als hätten wir nie Eltern gehabt, als wären wir auf die Welt gekommen wie die Knospen. Und nicht ein einziges Mal hat uns unser Vater besucht. Einmal sei er da gewesen, sagte Tante Kathe, unverhofft, aber da waren wir in der Schule. Er habe nicht warten wollen. Sei wieder abgezogen.

Und dann sprach ausgerechnet Onkel Theo mit mir, ausgerechnet er, den ich nicht zur Familie zählte.

Es war einer meiner Glückstage. Definition: Mittwoch – Tante Kathe war bei einer gewissen Frau Löscher, die einen riesigen Garten besaß, dort durfte sie ernten, so viel sie wollte, Gegenleistung, von der Marmelade, dem Kompott und dem Eingemachten gab sie einen Teil zurück – meine Cousine war bei der Arbeit, der älteste Cousin ebenfalls, der jüngere irgendwo – Gretel war im Schwimmkurs und Renate im Kindergarten. Das Glück bestand darin, dass ich zwei bis drei Stunden in der Wohnung allein war, ungestört lesen oder Radio hören konnte.

Aber an diesem Tag saß Onkel Theo in der Küche, er war schon am frühen Nachmittag von der Arbeit gekommen, er saß am Küchentisch, vor sich eine Fischdose, Hering in Tomatensoße, und Bier, im Aschenbecher eine brennende Zigarette, daneben die Zigarettenschachtel, eine Seite aufgerissen, sodass er immer sehen konnte, wie viele noch da waren.

»Ich muss nur schnell …«, sagte ich.

»Setz dich doch zu mir«, sagte er, seine Stimme war anders als sonst, sanft – wenn Gretel und Renate das lesen, werden sie sagen, das gibt's nicht, Onkel Theo und sanft, das gibt's nicht. Aber es war so.

Ich setzte mich zu ihm.

»Willst du eine Zigarette?«, fragte er.

»Ich rauche doch nicht.«

»Kann man nicht wissen.«

»Ich bin doch viel zu jung dazu.«

»Ich hab mit zwölf angefangen.«

»Frauen rauchen nicht.«

»Ja, kannst dir vorstellen!«

»Aber weniger.«

»Ich wollte immer etwas zu euch sagen, zu dir und Gretel«, seufzte er – ja, Gretel, ja, Renate, er seufzte!

»Was denn?«

»Dass mir das leidtut.«

»Was denn?«

»Das mit eurer Mama.«

»Danke.«

»Das wollte ich sagen.«

»Danke, Onkel Theo.«

»Und noch etwas.«

»Was denn?«

»Also angenommen …«

»Ja?«

»Angenommen ... die Kathe ... angenommen, die Kathe würde sterben ... nur angenommen, darüber will ich gar nicht nachdenken. Dann würde ich ...«

»Was denn?«

»Kannst du schwimmen?«

»Die Gretel lernt es gerade.«

»Das ist gut. Ich kann nicht schwimmen. Zu meiner Zeit hat man das nicht gelernt. Wieso auch. Wieso soll man in den See schwimmen gehen. Das ist doch hirnrissig! Bin ich ein Fisch? Das hier ist ein Fisch, jetzt liegt er in der Tomatensoße, selber schuld. Genauso diese blöde Salatfresserei! Ich bin doch keine Kuh! Die Kathe will immer, dass ich Salat esse, Salat, Salat, aber das wollte ich ja gar nicht sagen. Ich will sagen: Ich würde, wenn die Kathe stirbt, dann würde ich mit der Luftmatratze in den See hinausschwimmen, weit hinaus, und dann würde ich den Stöpsel herausziehen. Das wär's dann. Weißt du, ich kann deinen Vater gut verstehen. Ich muss immer daran denken, was er durchgemacht hat und immer noch durchmacht. Es ist eine Sauerei, dass einem Menschen so etwas ... wie soll ich sagen ... dass ihm so etwas zugemutet wird. Man muss sich um ihn kümmern. Aber er will es nicht. Die Kathe sagt, er will es nicht. Ich kann ihn verstehen. Das wollte ich dir sagen.«

»Danke, Onkel Theo«, sagte ich.

»Das wollt ich dir nur sagen.«

»Danke, Onkel Theo.«

»Ist schon recht.«

»Danke.«

Er drückte die Zigarette in der Fischdose aus, zupfte eine neue aus der Packung, ohne die Packung zu berühren, drückte sie, klopfte sie und zündete sie in einer schnellen Bewegung an, der Rauch quoll aus seinen Nasenlöchern.

Ich verließ die Wohnung und spazierte in der Gegend herum. Bei manchen Häusern waren die Fenster so nahe an der Straße, dass ich in die Wohnungen schauen konnte, in Küchen, wo Männer in Unterhemden am Tisch saßen, manche mit dem Hut auf dem Kopf, und rauchten, überall Onkel Theos und Geruch von Aufgewärmtem. Ich dachte, ich muss mich gewöhnen, ich muss ähnlich werden. Selber kamen mir diese Gedanken ekelhaft erwachsen vor, »spießig« würde ich ein Jahr später dazu sagen, damals kannte ich das Wort nicht, nur wenige Worte waren zur Tschengla auf 1220 Meter über dem Meer gelangt. Ich fühlte mich, als hätte ich an Gewicht zugenommen, und war doch dünn wie eine Flunder.

Onkel Theo ist sehr alt geworden, am Ende sah er aus wie ein Knochengerüst, über das mit einer Winde gelbes Pergament gespannt worden war. Als mein Mann und ich in unser Haus einzogen, stand er dabei und schimpfte und meckerte an allem herum. Ein Freund, der uns half und nicht wusste, dass der da der berüchtigte Onkel Theo war, von dem ich so oft erzählt hatte, sagte zu ihm: »Alter, entweder du arbeitest mit, oder du hältst die Goschn!« Als wir dann beieinandersaßen und Bier tranken, zeigte Onkel Theo auf unseren Freund und sagte: »Der Einzige, der hier etwas wert ist, ist der da.«

Mir fällt ein, wie es war, als ich mit der Beinprothese meines Vaters unter dem Arm auf der Treppe saß und den angepassten Schuh putzte und polierte. Die Welt war klein, und der Schatz ihrer Worte war klein, aber sie bezeichneten alles, was war, und nichts gab es, das nicht bezeichnet werden konnte. Der Wald hinter dem Heim war der Wald, das Heim war das Heim, und wenn unter dem Mond das Nachtvolk zwischen den Baumstämmen hindurchhuschte, dann war es eben das

Nachtvolk, vor dem wir uns fürchteten, aber wir fürchteten uns nicht bis zur Wortlosigkeit, denn auch der Schrecken hatte einen Namen. Ich fühlte mich verantwortlich für den Schuh an der Prothese. Dass er herzeigbar sein würde, wenn die Invaliden kommen. Vater und Mutter legten sich zu einem Mittagsschläfchen hin, dann war die Prothese frei zur Bearbeitung. Oft nach dem Mittagessen sagte Mutti zu ihm: »Gehen wir in die Höhe?« Das ist ein Ausdruck, der in unserer Mundart verwendet wird, wenn man auf die Berge steigen will. Meine Mutter meinte: Gehen wir einen Stock höher ins Schlafzimmer und legen uns hin? Dann lächelten sie einander an, unsere Eltern, und scherten sich nicht weiter um uns. Was sollte uns schon passieren 1220 Meter über dem Meeresspiegel! Der Vater schnallte die Prothese ab, und die Mutter stellte sie vor die Tür. Wie in einem feinen Hotel. Ich war der Page.

Schon am nächsten Tag nach der Begegnung mit Onkel Theo in seinem »Nikotinraumschiff« – das war eine Wortschöpfung von Onkel Lorenz, eine Anspielung auf den russischen Sputnik – ordnete Tante Kathe an, dass wir unseren Vater besuchen sollten. Im Sonntagsgewand. Natürlich hatten wir uns gewünscht, Vati zu sehen, auch Gretel hat es sich gewünscht, aber dann wollte ich nicht. Das Sonntagsgewand war schuld. Warum Sonntagsgewand? Es könnte sein, dass er mir eine Kopfnuss gibt. Er würde es nicht dulden, wenn ich ihm widerspreche. Sonntagsgewand konnte doch nur heißen, er ist uns etwas Fremdes geworden. Es hätte gerade noch gefehlt, dass wir ihn mit Sie anreden sollen. Sicher würde er mich fragen, ob es uns bei der Tante gefällt, und ich würde Nein sagen, er würde fragen, ob wir ihn vermissen, und auch da würde ich Nein sagen, er würde fragen, ob ich die Mutti vermisse, und auch da würde ich den Kopf schütteln, und dann bekäme ich eine Kopfnuss. Ich wusste ja, dass ich so einen bösen Zwang zum Gegenteil in mir hatte.

Und dann fragte Gretel: »Wo ist er eigentlich?«

Da hatte ich mir so sehr gewünscht, unseren Vater zu sehen, und nicht ein einziges Mal habe ich mich gefragt, wo er ist! Als wäre er irgendwo in der Luft, allgegenwärtig, und wenn wir ihn rufen, erscheint er. Ein Geist. Einer aus dem Nachtvolk, vor dem wir uns gefürchtet hatten, aber nicht sehr, denn gesehen hatten wir es nie und nach ihm gerufen auch nicht.

Und da fragte ich auch: »Wo ist er eigentlich?«

»Plapper nicht immer deiner Schwester alles nach!«, sagte Tante Kathe. Das war gemein. Das »immer« war gemein. Ich plapperte Gretel nie etwas nach.

Antwort bekamen wir nicht.

Ich habe mich gewehrt. Die Arme von mir weggestreckt, als könnte ich es abwenden. Aus Trotz nahm ich keinen Schirm und ging auch nicht unter dem Schirm meiner großen Schwester. Renate, die von nichts etwas wusste, war im Regenmantel, sie zog ständig ihre Rotznase hinauf, das war mir an diesem Nachmittag ein liebes Geräusch, als wäre es die Hymne unserer Drei-Mädchen-Republik. Tante Kathe hatte uns die Adresse aufgeschrieben und auf dem Blatt Papier, das sie aus meinem Schulheft gerissen hat, den Weg aufgezeichnet. Aber was dort am Ziel sein würde, das hatte sie uns nicht gesagt. Nur, dass wir klingeln sollen.

Es war ein Kloster.

Um Himmels willen, nein, unser Vater ist nicht ins Kloster eingetreten! Onkel Walter hat sich später darüber lustig gemacht: »Der Josef, der alte Schwede, ist den Schwestern unter die Kutten gekrochen!« Da hätte er von Tante Kathe fast eine gefangen. Unser Vater hatte den Tritt verloren. Das ist der Ausdruck, den Tante Kathe verwendet hat.

Die Barmherzigen Schwestern haben ihm eine Klause zur Verfügung gestellt. Eine Zelle. Wir durften sie nicht betreten. Er wollte das nicht. Aber einen Blick habe ich hineingeworfen – eine Pritsche, ein Tischchen, zu klein, um eine Zeitung darauf auszubreiten, ein harter Sessel, eine Kommode, darauf eine Waschschüssel aus grauem Blech. Fertig. Am Fenster keine Vorhänge. Klo und Wasser am Gang. Sein Lexikon, zehn Bände, *Brehms Tierleben* und die abonnierten *Kosmos*-Hefte waren vor seinem Bett aufgereiht. Über dem Bett hing der Heiland an der bloßen Wand, nicht einmal an das Kreuz genagelt. Auf der Kommode ein Glas, halb voll mit Wasser, und ein Tablettenröhrchen. Eine Schwester hatte angeklopft, aber nicht auf Antwort gewartet und geöffnet.

»Josef, deine Kinder.«

Da saß er. Hängende Schultern, als wären rechts und links des Halses Keile abgesäbelt worden. Eine Strickjacke. Bläulich. Gretel und ich standen vor der offenen Tür, Renate zwischen uns. Ich war kalt und dachte, ich weiß, warum dieser Mann so schmal aussieht: Weil er auf der Tschengla als Leiter des Kriegsopfererholungsheims immer ein Jackett getragen hatte, und das Jackett hatte gepolsterte Schultern gehabt, und hier im Kloster muss er sich zeigen, wie er ist, hier gibt es keine Verstellung. Auf dem Bett saß er, die Beine reichten nicht ganz auf den Boden, über dem Knie sah ich den Knick, wo die Prothese angefügt war. War das Bett so hoch oder war er so klein? Ich war kalt und dachte: Er ist geschrumpft. Er sah mich an, als würde er sich dafür entschuldigen, als wollte er es wiedergutmachen und baldmöglichst wachsen.

»Wo ist Richard?«, fragte er. Es war das Erste, was er sagte.

»Bei Tante Irma«, sagte Gretel.

»Geht es ihm gut?«

»Sicher besser als uns«, platzte ich heraus.

»Warum? Geht es euch nicht gut?«

»Monika meint, Onkel Theo raucht zu viel«, sagte Gretel.

»Das meine ich gar nicht«, bockte ich.

»Was meinst du denn?«

»Halt so«, sagte ich und fürchtete und fürchtete nicht, dass er gleich anfangen wird, an meiner Grammatik herumzukritisieren, dass ich erst überlegen soll, bevor ich spreche und so weiter, dass »Halt so« kein richtiger Satz ist, sondern nur ein Blödsinn, der nichts anderes aussagt, als dass man blöd ist und sonst nichts. Wenn er sich über einen sprachlichen Schnitzer aufregte, konnte er sehr verletzend sein.

Aber er sagte: »Das tut mir leid. Das tut mir wirklich sehr leid.«

»Passt schon«, sagte ich. Das hatte ich mir von unserem älteren Cousin abgehört, der sagte »Passt schon« anstatt »Ja«. Das gefiel mir.

»Und du?«, fragte er Renate.

Sie schaute erst zu Gretel, dann zu mir, ich nickte ihr zu, und sie sagte: »Halt so«, und schaute wieder zu Gretel und zu mir.

»Meine Mädchen«, sagte er.

»Sollen wir dir das nächste Mal etwas mitbringen?«, fragte Gretel.

Darauf antwortete er nicht. »Geht in die Küche, dort gibt es etwas für euch.«

»Wieder ein Dessert?«, fragte ich.

Als wir schon ein Stück den Gang hinuntergezockelt waren, unschlüssig, ratlos, rief er uns nach, zur Hälfte stand er in der Tür: »Wem gehört, was ihr anhabt? Ich sag's euch: Euch nicht. Euch gehört gar nichts. Nicht einmal der Dreck unter euren Fingernägeln, den habt ihr aus fremden Fensterrahmen gekratzt. Hört her! Nein, kommt nicht her. Ich habe gesagt: Hört her! Von ›herkommen‹ war nicht die Rede. Aber ein bisschen etwas habt ihr ja noch, das euch gehört. Das ist gut. Das ist gut. Aber aufpassen! Wenn man fast nichts hat, dann kann einem leicht in den Sinn kommen, dass es besser ist, wenn man gar nichts hat. Dann verliert man, was man hat, oder schenkt es her oder haut es weg. Falsch! Grundfalsch! Warum? Ich sag es euch! Hört her! Bleibt stehen, aber hört her! Wenn man gar nichts mehr hat, ist einem gar nichts mehr etwas wert. Auch selber ist man sich dann gar nichts mehr wert. Und dann sind alle Schleusen geöffnet. Das vergesst nicht!«

Und war schon wieder in seiner Zelle.

Das war die längste Rede, die ich von meinem Vater jemals gehört habe. Gretel und ich waren nun noch verzagter, noch ratloser, in Wahrheit traute ich mich gar nicht, Gretel zu fragen, ob sie auch gehört habe, was ich gehört habe. Mir war unheimlich. Ich dachte, ich kenne unseren Vater nicht. Und zwar überhaupt nicht. Sein Gesicht war so weiß, mir wurde schlecht, niemals würde ich hier etwas essen, dachte ich, und wenn sie es in mich hineinzwingen.

Es gab Apfelmus, passiert zu einer Creme, lauwarm. Gretel fütterte Renate, die schmatzte fröhlich, in jeder Hand einen Keks. Die Schwester Oberin betrachtete uns aus einem Abstand. Renates Rotz vermischte sich mit dem Apfelmus. Zu Vati in seine Zelle wurden wir nicht mehr gebracht, wir hatten vergessen, Auf Wiedersehen zu sagen.

Auf dem Nachhauseweg trödelten wir. Gretel sagte, wir

dürfen nicht den Waldweg benützen, weil, dort sei vor ein paar Wochen ein Kind ermordet worden. Das fand ich interessant und wollte, dass sie mir davon erzählte. Sie sagte, nicht vor Renate. Es sei unbeschreiblich grausig, unbeschreiblich. Die Kleine zottelte zwischen uns, wir hätten mit ihr überallhin gehen können, auf ein Schiff und ab nach Übersee, was für ein wunderschönes Wort! Über unseren Vater sprachen wir nicht. Ich vermutete, Gretel denkt das Gleiche wie ich. Warum er nicht geantwortet hatte, als wir ihn fragten, ob wir ihm das nächste Mal etwas mitbringen sollen. Will er nicht, dass wir ihn noch einmal besuchen? Mir fiel ein, ich wusste nicht warum, vom Himmel herunter fiel mir ein, wie unsere Mutti und Tante Irma manchmal auf der Terrasse gesessen und, ohne sich abzusprechen, zu singen begonnen hatten, und ein Lied kam mir in den Sinn, das mir das liebste gewesen war, ich summte, Gretel stimmte ein:

> *Müsle gangga schlofa, da Tag züt us bed Schua*
> *und huschlat uf da Zeha da Schwizaberga zua.*
>
> *Dua de no nid fürchta, s dunklat scho im Tal,*
> *zünd Gott tausad Lampa a im Himmelssaal.*
>
> *Und id Mondlaterna steck des Kirzaliacht,*
> *dass er uf mi Büble bessa abasiacht.*

Das war so schön gewesen!

In der Quellenstraße begegneten wir einer Prostituierten, damals dachte ich, sie sei alt, sie war aber höchstens vierzig, wir kannten sie vom Sehen und grüßten sie, und sie grüßte uns auch. Wir wussten genau, was ihr Gewerbe war, Onkel Walter hat uns davon erzählt, so detailreich, bis Tante Kathe endlich mit dem Löffel auf den Küchentisch schlug und alle grinsenden Münder rundum in den Normalzustand schnellten. Wie die Frau so dasaß, dachte ich, der gehört auch nichts, noch weniger als uns, uns gehört wenigstens ein bisschen etwas, das Glasringlein, das ich von unserer Mutti geschenkt bekommen habe und das mir nicht mehr über den Finger passt, zum Beispiel. Dieser Frau hier, gerade was sie verschluckt hat, kann man ihr nicht mehr nehmen, dieser Frau gehört nichts, nämlich das Nichts, von dem unser Vater gesprochen hat, halb aus seiner Zelle heraus. Nur die blanke Haut gehört ihr. Sie saß auf einem Klappstuhl und wartete auf Kundschaft. Es regnete nicht mehr, zur Schweiz hin nach Westen war letzter blauer Himmel, die Sonne war schon über den Bergen, Renate schleifte den Regenmantel hinter sich her, wir sagten nicht, dass sie das nicht tun soll.

»Geht's heimwärts?«, rief uns die Frau zu.

»Ja«, sagte Gretel.

»Zu Hause ist es doch am schönsten, hab ich recht?«

»Ja«, sagte Gretel.

»He, kommt doch her!«, rief die Frau uns nach. »Lasst euch anschauen, ihr drei Hübschen!«

Wir drehten um und stellten uns vor ihr auf, Renate in der Mitte. Die Frau blieb sitzen, sie hatte einen enormen Busen und hatte die Bluse weit geöffnet, sodass die Kugeln schon von weitem zu sehen waren.

»Ich habe eure Namen vergessen«, sagte sie.

»Wir haben sie Ihnen doch gar nie gesagt«, sagte ich.

»Man sollte sich immer einen zweiten Namen zulegen«, sagte sie. »Es muss ja nicht jeder wissen, wer man ist. Wollt ihr einen Lippenstift? Ich hab einen ganzen Haufen übrig. Hat mir einer dagelassen.«

Wir sagten, wir hätten gern einen. Aber sie gab uns keinen. Es sei ihr zu mühsam aufzustehen, sagte sie, das rentiere sich nicht. Wenn wir morgen kommen, dann habe sie garantiert für jede von uns dreien einen parat. Ich dachte, die Stifte gehören dir ja eh nicht, es ist leicht verschenken, wenn man nichts hat, wir gingen weiter. Ich wusste schon über Sex fast alles, unser älterer Cousin zog mich immer wieder beiseite und redete vor mir davon, beschrieb mir genau, wie Sex geht, ich wusste also, was die Frau macht, und auch, dass sie dafür Geld kriegt, um sich zu essen zu kaufen. Und ich dachte, das ist praktisch, sie braucht nichts als sich selbst. Und wenn ich zu den Männern lieb wäre, wären sie auch lieb zu mir. Wie man in den Wald hineinruft. Das Einzige, was ich brauchen würde, wäre Seife, und die bekommt man geschenkt. In der Drogerie bekommt man Pröbchen. Die Frau war nicht schön, aber hässlich war sie auch nicht, ein bisschen einen Bauch hatte sie, das war aber hübsch, so einen würde ich niemals kriegen. Ich an ihrer Stelle würde mir ein Seifenlager zulegen. Mir fiel kein anderer Beruf ein, bei dem es hauptsächlich darum ging, dass man lieb zueinander ist.

In diesem Moment, ich schwöre, genau in diesem Moment, als ob sie das Gleiche gedacht hätte wie ich, sagte Gretel: »Darf ich dich etwas fragen, Monika?« Viel später fragte ich sie, ob sie sich noch an diese Begegnung erinnere, sie sagte, natürlich erinnere sie sich daran, und sie sagte, sie habe damals gedacht, so schlecht könne es doch gar nicht sein, auf den Strich zu gehen. Genau wie ich.

»Was denn?«, hatte ich sie damals gefragt.

»Was, meinst du«, antwortete sie, »hat der Vati gemeint, als er gesagt hat, dann sind alle Schleusen geöffnet. Ich frag, weil er gesagt hat, das sollen wir nicht vergessen.«

»So halt irgendetwas«, sagte ich und fuchtelte herum, »ich weiß schon, was, aber genau weiß ich es auch nicht, ist doch egal, der ist halt ein bisschen verrückt geworden, der wird schon wieder.«

Damit war sie zufrieden. Oder auch nicht. Es war uns beiden klar, dass es mit unserem Vater so nicht weitergehen konnte. Der geht den Bach hinunter. Bei dem sind die Schleusen geöffnet. Ganz sicher bin ich mir nicht, ob ich damals wusste, was Schleusen sind. Aber ich wusste, mit unserem Vati ging es den Bach hinunter, und wenn nicht etwas geschieht, und zwar bald, dann wird nichts mehr aus ihm. Er braucht eine neue Frau. Nicht wir eine neue Mutti, das wäre ja nicht möglich. Ich habe gehört, wie Tante Kathe genau das zu ihren Brüdern Walter, Sepp und Lorenz gesagt hat. »Der Josef braucht eine Frau!« Wörtlich. Und Gretel und Renate haben das auch gehört. Eine neue Frau ist nicht automatisch eine neue Mutter. Die Prostituierte mit dem großen Busen wäre sicher eine gute neue Frau für unseren Vater, dachte ich. Ihr Beruf ist Liebsein. Das würde dringend benötigt. Und sie müsste es nicht erst lernen wie vielleicht eine andere Frau. Sie hätte alles parat. Und wir müssten nicht automatisch »Mutti« zu ihr sagen, auch nicht »Mama«. Das würde sie sicher nicht wollen. Wie sie mit uns gesprochen hatte, durften wir, jedenfalls Gretel und ich, das Gefühl haben, sie spricht mit uns wie mit Frauen, vielleicht noch nicht ganz so, aber wenn sie erst die neue Frau von unserem Vati wäre, könnte es so sein, dass in der neuen Familie drei Frauen sind, sie, Gretel und ich, und bald schon vier Frauen, wenn Renate alt genug ist. Sie würde uns gute Tipps geben können, wenn wir abends ausgehen und uns schön machen wollen. Sie würde uns gute Tipps geben können, wie wir mit einem Bursch reden, wie wir ihm schöntun sollen, ihn locken, ihn verrückt machen, aber auch abwehren, wenn er uns nicht gefällt, wenn er zu blöd ist oder sich die Zähne nicht richtig putzt oder blöd herumredet. Ich dachte und wurde ganz heiter darüber, das wäre doch die beste Lösung, für unseren Vati genauso wie für uns. Ich wusste nur nicht, wie ich das Tante Kathe klarmachen könnte. Sie würde mir drohen, eine herunterzuhauen. Vielleicht wäre es am besten, dachte ich, wenn ich vorher mit Onkel Walter darüber spreche. Er würde es einsehen. Er wäre begeistert. Er würde sagen, das ist die beste Lösung. Ich müsste ihm halt einschärfen, dass er mich nicht verrät. Nicht meine Idee sollte es sein, dass Vati die nette Prostituierte heiraten soll, sondern seine. Das wäre die eine Sache. Die andere: Jemand muss auch mit der Prostituierten sprechen. Wenn sie Nein sagt? Das glaubte ich allerdings nicht. Nicht, weil sie sich nach einer Familie mit vier Kindern auf einen Schlag sehnte, der Richard käme ja auch dazu, sondern, weil sie uns so lieb angesehen hat. Sie würde sich denken, gut, ideal ist das nicht, so viele Gschrappen auf einmal, aber sie haben mich lieb angeschaut, vielleicht genügt das. Es tat mir leid, dass ich schnippisch gewesen war, als sie uns – indirekt – nach unseren Namen gefragt hatte. Ich nahm mir vor, morgen schon sie aufzusuchen, mich bei ihr zuerst zu entschuldigen, dann sie zu fragen, ob sie eine halbe Stunde Zeit für mich habe, und dann wollte ich ihr mein ganzes Herz ausschütten, bis ins Kleinste hinein ehrlich.

Ich glaube mich zu erinnern, dass ich mit Gretel darüber gesprochen habe auf dem Heimweg, in ersten Andeutungen. Da lacht sie heute schallend heraus.

»Niemals! Ja, was denkst du, was ich dir geantwortet hätte!«

Ich rufe Renate in Berlin an und frage sie, sie war ja auch dabei, zwar noch ziemlich klein, aber sie war dabei, sie hätte sicher mitgehört. Und sie hätte verstanden, was Gretel und ich gesprochen haben, sie hat immer die Ohren gespitzt, wenn wir über etwas sprachen, das für sie nach einem erwachsenen Thema klang.

Sie sagt: »Ja, ich denke, ja, ich denke, ja, ich kann mich erinnern.«

»Woran kannst du dich erinnern?«, frage ich.

»Ja halt, dass du mit der Gretel darüber gesprochen hast.«

»Worüber?«

»Ob man den Vati mit dieser Frau verkuppeln könnte.«

»Das denkst du dir jetzt aus«, sage ich. »Das würde dir gut gefallen. Jetzt, wo er nicht mehr lebt. Jetzt traust du dich, so etwas zu sagen.«

»Er hätte sich sicher verkuppeln lassen«, sagt Renate. »Und sie war ja lieb. Ich erinnere mich ganz genau, dass sie uns lieb angeschaut hat. Und ich erinnere mich, dass genau du nicht lieb zu ihr warst. Zum Vati wäre sie lieb gewesen. Ja, ich glaube, er hätte sie geheiratet.«

Jetzt bin ich es, die empört ist. »Niemals!«, rufe ich in den Hörer hinein.

»Und hier beginnt die Geschichte erst«, sagte meine Stiefmutter. »Jedenfalls meine Geschichte.«

Wir saßen noch immer an ihrem Küchentisch, obwohl wir schon vor über zwei Stunden ausgemacht hatten, spazieren zu gehen, das heißt, sie hatte mich gefragt, ob ich sie begleite, sie habe dem Doktor versprochen, jeden Tag, ob Sonnenschein oder Regen, eine Stunde zu gehen. Gelenke, Blutdruck, Cholesterin, Lunge. Inzwischen hatte sie einen Stock Butter, einen

Ranken Käse, eine Wurststange und Brot auf den Tisch gestellt. Wo das Besteck sei und die Schneidbretter, wisse ich ja.

»Willst du ein Bier?«, fragte sie.

»Wenn du einen Schluck Rotwein hast?« Und im Augenblick fiel mir ein, was mein Vater dazu gesagt hätte: Einen Schluck Rotwein willst du? Aha. Weißt du, was ein Schluck ist? Von einem Schluck kann man erst sprechen, wenn die Flüssigkeit den Gaumen passiert hat. Jetzt stell dir bitte bildlich vor, was geschieht, wenn ich dir einen Schluck Rotwein serviere! – Ja, ja, mit dieser Bohrerei ging er mir auf die Nerven, ich hätte schreien wollen! Bis heute höre ich ihn in meinem Kopf. Er grätschte mir in Gedanken oft genug in einen Text, wenn ich an der Schreibmaschine saß oder später am Computer, und tut es immer noch, wenn ich mich bemühe, in einer Erzählung eine Szene zu beschreiben. Ich schreibe einen Satz und höre ihn sagen: Aha? Dann definier mir doch einmal! Das war auch der Grund, warum ich ihm nie etwas von mir zu lesen gegeben habe, das noch in Arbeit war. Meine ersten beiden Bücher, einen Erzählband und einen Roman, erlebte er noch, und ich brachte ihm je ein Exemplar mit einer Widmung – »Für Vati, der schuld ist, dass ich die Bücher liebe« und »Für Vati, Du siehst, auf dem Rücken steht mein Name«. Ich war gerührt, den ganzen Abend war er dagesessen mit den Bänden in seinen Händen, hatte sie gestreichelt, hatte daran gerochen, hatte irgendwo aufgeschlagen und mit hochgezogenen Brauen einen Absatz gelesen, ohne Kommentar. Als ich das nächste Mal zu Besuch kam, sah ich, dass er meine Bücher im Regal für deutschsprachige Autoren eingeordnet hatte, immerhin gleich hinter Heinrich Heine.

Meine Stiefmutter schenkte uns beiden ein Glas Rotwein ein, ich lehnte ihre Zigarette ab, sicher schon zum zehnten

Mal, sagte, sicher schon zum zehnten Mal: »Seit fünfundzwanzig Jahren nicht mehr, danke«, und zündete ihr über den Tisch hinweg mit dem Feuerzeug die ihre an.

»Eine Zeit lang habe ich es mit Schnupftabak probiert«, sagte sie. »Aber es ist nicht das Gleiche. Wäre gesünder für die Lunge, aber es ist nicht das Gleiche.«

»Hast du nie nicht geraucht?«, fragte ich.

»Doch«, lachte sie, »von eins bis zwanzig.«

»Ich meine, ob du nie zwischendurch aufgehört hast.« Da konnte ich es sehen: Auch sie war von der Sprachzerlegsucht unseres Vaters angesteckt, so eine Antwort wäre typisch für ihn gewesen.

»Hab ich schon«, sagte sie. »Aber davon wollte ich dir nicht erzählen.«

Sie wollte mir von sich selbst erzählen, von der Rolle, die sie in der Geschichte unseres Vaters spielte. Aber dazu musste sie ausholen und zuerst berichten, was aus Tante Irma geworden war.

Tante Irma hatte also diesen bemerkenswerten Mann geheiratet, Pirmin. Den blinden Koloss. Den Masseur, zu dem die hoffnungslosen Fälle kamen. Die er in den Keller führte, wo er das Radio laut stellte, damit ihr Schreien übertönt würde. Der den Kandidaten die Schnapsflasche reichte, damit der Schmerz gelindert würde. – Ich weiß das von meinem Mann, er war bei ihm in Behandlung, er hatte kaum noch sitzen können vor lauter Rückenschmerzen. – Pirmin war bei Irmas Bruder Lorenz vorstellig geworden und hatte um ihre Hand angehalten. Wie er meinte, dass es sich gehöre. Lorenz war nicht der Älteste der Geschwister, das war Heinrich, auch Tante Kathe war älter, aber für Pirmin war Lorenz das Familienoberhaupt. Er war zweifellos der Gescheiteste, auf jeden Fall, wenn es ums Rechnen ging, vor allem aber hatte er ein Auftreten. Als erst der Vater, dann die Mutter starb, war er gerade sechzehn gewesen. Er und Kathe hatten dafür gesorgt, dass die Bagage nicht unterging. Pirmin ließ sich sozusagen bei Lorenz einen Termin geben. Irma schrieb ihrem Bruder einen Brief, darin teilte sie ihm mit, sie habe einen Freund, und ob der Freund ihn etwas fragen dürfe. Fragen dürfe jeder, antwortete Lorenz und setzte einen Termin fest.

Wenn Pirmin meine Tante Irma anfasste, bedeckten seine Hände ihre Brust und ihren Rücken. Mit gesenktem Kopf – erzählte mir meine Stiefmutter, habe ihr Irma erzählt – sei er vor Lorenz hingetreten und habe gesagt: »Lorenz, ich will deine Schwester heiraten. Gib mir den Segen!«

Lorenz sagte: »Segen habe ich keinen, aber eines musst du wissen: Wenn du sie schlägst, bringt dich der Sepp um.«

Das war ein Scherz. Eine Anspielung. Die Pirmin allerdings nicht verstehen konnte. Irma schon. Nämlich als unser Vati und unsere Mutti heirateten, hatte Onkel Sepp ebendiesen Satz gesagt, aber im Spaß, er wollte damit zeigen, dass ihm seine Schwester Grete das Liebste war, und Vati hat es auch genauso verstanden.

»Das ist gut!«, jubilierte Pirmin. »Das gefällt mir! Nichts anderes habe ich erwartet! So soll es sein! Das ist Familie! Lasst mich ein Teil eurer Familie sein!« Und so weiter.

Hinterher sagte Lorenz zu seiner Schwester Kathe und den Brüdern Heinrich, Walter und Sepp: »Er redet viel und laut. Sonst gibt es nichts an ihm auszusetzen. Ich habe Ja gesagt.«

Aber bald gab es doch einiges auszusetzen. Bereits ein Jahr nach der Hochzeit.

Irma mit dem üppigen Haarkranz hielt sich an ihrem eigenen Kleid fest, die Fäuste krampften sich in den geblümten Stoff, sie wusste, dass ihr Mann bei einer Steirerin einsteigt, dass er dieses Frauenzimmer, wie er sich auszudrücken pflegte, »pinselt«. Sie habe sich – erzählte mir meine Stiefmutter, habe ihr Irma erzählt – vorgestellt, wie sie dem Sauhund und seiner Hure mitten auf der Stirn zwanzig Zigaretten ausdrücke, je einen Kreis dort, wo der Pfarrer am Aschermittwoch das Aschenkreuz aufmalt. Sie habe mindestens zehnmal am Tag mit Odol-Mundwasser gegurgelt und sich die Finger geschrubbt. So sehr habe sie sich gegraust. Es war das Jahr 1963, in den Nachrichten wurde gebracht, der amerikanische Präsident Kennedy sei erschossen worden. »Ich«, habe Irma später meiner Stiefmutter gestanden, »ich würde auch gern geschossen haben.«

Als sie nicht mehr aus noch ein wusste, rief sie nach ihren Geschwistern, und die kamen, um ihr zu helfen. Die Brüder stellten sich vor dem blinden Koloss auf, und der fing an zu weinen, unglaublich laut, so laut, dass ein Nachbar die Polizei rief. Er fiel vor den beiden Beamten auf die Knie und schrie, er gebe alles zu, er sei ein Sauhund, sie sollen ihn mitnehmen und einsperren, sie würden ihm nur einen Gefallen tun, niemand auf der Welt habe das Recht, so ein Sauhund zu sein wie er, auch nicht einer, der so viel Leid habe ertragen müssen in seinem Leben wie er, erst habe die Lawine das Elternhaus weggerissen mit allen drinnen, dem Vater, der Mutter, dem Bruder, der Schwester, alle tot, und dann sei er auch noch erblindet, und dann, was könne er dafür, habe ihn Gott in seiner Unergründlichkeit obendrein mit dieser verdammten Geilheit geschlagen, die ihn zu so einem Sauhund gemacht habe ... und so weiter.

Der Auftritt muss sehr beeindruckend gewesen sein. Die

Polizisten schlugen das Kreuz. Nicht, weil sie meinten, der Teufel kniet vor ihnen. Sondern der Schmerzensmann persönlich. In der fleischlichen Verkleidung eines zwei Meter großen Mannes mit weißen Augäpfeln und Händen, die man keinem an die Gurgel wünscht. Irmas Brüder, Lorenz, Walter und Sepp – Heinrich war zu Hause geblieben, er wolle sich nicht einmischen –, sie waren gekommen, um ihrem Schwager einen Schrecken einzujagen, jeder mit einem Messer im Hosensack, nun waren sie ganz still. Und als ihnen Pirmin den Hintern zudrehte und sie anflehte, sie sollen ihn mit ihren genagelten Schuhen wenigstens in den Arsch treten, taten sie das nicht. Onkel Sepp sagte: »Wir haben keine genagelten Schuhe. Wir sind keine Bauern mehr. Ich habe italienische Halbschuhe aus Mailand, Kalbsleder.«

Die Brüder und auch Tante Kathe nahmen sich Irma vor. Sie drangen in sie. Sie solle sich scheiden lassen. Der sage ja selber, er sei ein Sauhund, ein geiler, der nicht damit aufhören könne. Sie werde bis an ihr Lebensende unter diesem Mann leiden, der ja nie zu ihr gepasst habe, sie gerade einmal einen Meter sechzig groß und zart. Tante Irma sagte, sie werde es sich überlegen.

»Ich weiß«, sagte meine Stiefmutter, »ihr habt die Irma anders kennengelernt oben auf der Tschengla. Als eine, die sich so etwas nie hätte gefallen lassen.«

»Das stimmt«, sagte ich.

»So eine war sie nur in ihrem Kopf. Ich will dir gar nicht wiederholen, was alles in ihrem Kopf vorging. Mir hat sie es erzählt, und ich habe gesagt, hör auf, Irma, ich will das nicht hören. Und ich habe zu ihr gesagt, sie soll nie mit jemandem darüber sprechen, auf mich kannst du dich verlassen, habe ich gesagt, ich erzähl es niemand weiter. Halt bloß den Mund, sonst sperren sie dich ins Irrenhaus. Aber nur in ihrem Kopf war sie so. Vom Pirmin hat sie sich alles gefallen lassen. Draußen. Draußen von ihrem Kopf.«

Unser Vater mochte Pirmin. Er amüsierte ihn. Nicht einmal die ordinäre Rederei störte ihn, vielleicht sogar im Gegenteil. Pirmin war – in meiner Jugend hätte ich gesagt: ein Freak. Und das gefiel unserem Vater. Mein ältester Sohn Oliver würde sagen: ein völlig durchgeknallter Typ. Pirmin hätte, wie unser Vater, Priester werden sollen. Weil er, wie mein Vater, intelligent war. Ein intelligenter Sauhund, ein Prediger. Wenn er etwas über den Durst getrunken hatte, marschierte er stampfend geradeaus in die Möbel hinein, die nach rechts und links sprangen wie aufgeschreckte Hasen, und zitierte aus der lateinischen Liturgie. *Gloria in excelsis Deo. Et in terra pax hominibus bonae voluntatis.* Eine Stimme wie rollender Donner. Wenn er in der Kirche *Großer Gott, wir loben dich* sang, zitterte dem Herrn Jesus vorne am Altar die Dornenkrone. Ich habe schon erzählt, dass ich meinen Vater selten habe lachen sehen, aber wenn Onkel Pirmin uns besuchte, dann lachte er.

Die Steirerin, die erwähnte, wurde übrigens seine lebenslange Geliebte. Nach zwanzig Jahren ließ er im Garten ein zweites Haus für sie bauen. Er lebte mit zwei Frauen zusammen – was aber nicht hieß, dass er diesen beiden treu blieb. Nach seinem Tod wurde seine Geliebte bettlägerig, und Irma betreute sie bis zum Ende. Vor ihrem Tod besuchte ich Tante Irma noch einmal. Sie war flach und dünn, zum Wegblasen leicht und kaum mehr vorhanden. Sie ist mit Ende siebzig gestorben, schlecht war ihr Augenlicht, schlecht waren ihre Beine, aber ihr Verstand war schärfer denn je und ihre Wortwahl verletzend. Die Bagage, soweit noch am Leben, war auf ihrem Begräbnis. Sie liegt auf einem kleinen Friedhof, sehr hübsch, mitten im Ried, ein romanisches Kirchlein, umgeben von einer Mauer, ein offenes Gebeinhaus gleich neben dem Eingangstor, darin alte Schädel, die dich angrinsen. Als ich mit den wenigen Trauernden vor ihrem Grab stand, Tante Kathe war da, Onkel Sepp, meine Schwester Gretel, kam mir der Gedanke, dass sie als Kieselstein wiedergeboren wird. Weil sie so spitz gewesen war. Als Mädchen waren ihre Haare schwarz gewesen, lang, glänzend, das Kennzeichen der Bagage. Als Frau trug sie die Haare gezopft und in die Höhe genadelt zu einem Diadem. Mit ihren wenigen Kleidern gelang es ihr doch, etwas herzumachen. In ihrem Blick aber war immer ein Messer. Man ließ sich von ihrer Zartheit leicht täuschen. Unsere Mutter hielt es nicht für notwendig, dass wir uns ins kalte Wasser setzen, sie sagte, wenn sie daran denke, friere sie selber bereits. Sie stellte uns einen Zuber in die Küche, schaltete das Backrohr ein, es war dann so warm wie im Hochsommer. Wir standen nacheinander in der Wanne, Gretel und ich, wurden abgeseift und abgetrocknet. Kam dann Tante Irma dazu, sagte sie, ein Kind müsse abgehärtet werden, um das Leben zu bestehen.

»Der Plan«, erzählte meine Stiefmutter weiter, »war folgender. Den hatte sich Lorenz ausgeheckt, und alle waren einverstanden. Irma sollte sich von Pirmin scheiden lassen, dann ein Jahr ledig bleiben, wie es sich gehört, und dann euren Vater heiraten. Damit der wieder auf die Beine kommt.«

»Und haben sie Vati gefragt? Ob er das auch will?«

»Das weiß ich nicht. Aber ich nehme an, er hätte sie genommen. Er hat mich ja auch genommen.«

Das war ein heikles Thema. Dazu wollte ich lieber nichts sagen. Man muss nicht alles wissen, und wenn man nicht alles weiß, kann man es beim Erzählen immer noch schöner machen, als es war, das fällt einem, wenn man alles weiß, dann viel schwerer.

»Das wäre ja irgendwie logisch gewesen«, fuhr meine Stiefmutter fort. »Es gibt Länder, wo das üblich ist. Du weißt das sicher besser als ich. Wenn der Mann stirbt, heiratet der Bruder die Frau, und umgekehrt, wenn die Frau stirbt, heiratet die Schwester den Mann. Außerdem war da ja der Richard. Sie hat sich nach dem Tod eurer Mutti um ihn gekümmert. Ich weiß gar nicht, ob er sich überhaupt noch an eure Mutti erinnert hat. Wenn, dann nur schwach. Irma war wie seine Mama. Keine schlechte Mama. Der Pirmin war eifersüchtig auf den Kleinen, so gern hat sie ihn gehabt. Der hat es besser gehabt als ihr in der Südtirolersiedlung. Irma hat ihm zweimal in der Woche etwas gebacken, Bienenstich oder Mohnkuchen oder Nussstrudel. Ein eigenes Zimmer hat er gehabt. Ein eigenes kleines Transistorradio. Sie hat mit ihm Lesen und Schreiben geübt, da war er noch gar nicht in der Schule. Sie hat ihm vorgelesen. Und mit ihm Mensch-ärgere-dich-nicht gespielt. Am Sonntag durfte er aufbleiben und das Kriminalhörspiel hören. Erst wollte sie ihn vor Pirmin verstecken, hat zum Richard gesagt, er soll ganz still sein, Onkel Pirmin ist ja blind, er sieht ihn nicht, dann aber hat Pirmin seine Nase in die Luft gestreckt und hat gedröhnt: Ich rieche Menschenfleisch. Eine richtig gute Mama war Irma für den Richard. Es wäre sozusagen auf der Hand gelegen, dass sie euren Vater nimmt. Aber das wollte sie nicht.«

»Hat sie definitiv gesagt, dass sie Vati nicht heiraten will? Dass sie ihn nicht will?«

»Sie hat gesagt, dass sie sich nicht von Pirmin scheiden lassen will. Das ist nicht das Gleiche, trotzdem: Ende der Diskussion.«

Wir ließen eine lange Pause. Weil klar war, was nun zu folgen hatte.

»Und dann?«, sagte ich schließlich.

»Ja. Dann«, sagte meine Stiefmutter.

Onkel Sepp war es gewesen, der bestand darauf, man könne nicht mehr zuschauen, wie der Josef vor die Hunde gehe. Außerdem habe er der Grete auf ihrem Totenbett ins Ohr hinein versprochen, dass er nach ihm schaue. Und nachdem Irma unseren Vater nicht heiraten wollte, hat man sich eben anderweitig umgesehen. Ob da eine Frau wäre, die infrage käme. Und da ist man auf sie gekommen. Eine Cousine. Ihre Mutter und meine Großmutter mütterlicherseits waren Schwestern. Sie war in besseren Verhältnissen aufgewachsen. Das heißt jetzt nicht, dass ihre Verhältnisse wirklich gut waren, nur dass sie besser waren. Dafür hat es allerdings nicht viel gebraucht. Ottilie hatte eine Karriere vor sich. Als Schneiderin. Sie hatte ihren Meister gemacht und war anschließend in die Schweiz gezogen, nach Genf. Sie hatte Französisch gelernt und eine Anstellung in einer großen Schneiderei gefunden, bei der bekannte Modemacher ihre Modelle nähen ließen. Sie war eine der Besten im Team. Sie hatte vor, irgendwann, bald, eine eigene Werkstatt einzurichten. Ans Heiraten und Kinderkriegen dachte sie nicht. Irgendwann vielleicht. Erst aber kam die Arbeit. Sie war eine leidenschaftliche Schneiderin, und sie liebte die Freiheit, darunter verstand sie zum Beispiel, am Morgen, noch vor Arbeitsbeginn, am See entlangzuspazieren, sich in das *Café du Centre* zu setzen, das als Erstes öffnete, einen Café noir und ein Croissant zu bestellen und eine französische Zeitung zu lesen, egal was für eine, Hauptsache, französisch. Zur Freiheit gehörte auch, am Abend vor dem offenen Fenster zu sitzen, die Füße auf das Fensterbrett zu legen, einen Pernod zu trinken und eine Zigarette mit Spitze zu rauchen. Warum denn nicht? Wenn man allein ist, darf man tun, als ob. Ihr Ziel war Paris. Sie habe sich die Frechheit zugetraut, an die Tür von Coco Chanel zu klopfen und sie zu fragen, ob sie bei ihr anfangen könne. Sie sei noch heute der Meinung, nur so gehe es. Sie sammelte Stoffreste, klebte sie in ein Album und beschriftete sie. Und Knöpfe sammelte sie auch. Sie besaß eine große Kiste voll mit Knöpfen, ein Schatz. Nach ihrem Tod hoffte ich heimlich, ich bekomme die Kiste vererbt. Aber sie war nicht mehr da.

Und Onkel Sepp sei es auch gewesen, der sie überredet habe.

»Gerade er, der fast nichts redete!«, wunderte ich mich.

Er habe sich freiwillig gemeldet.

»Das klingt ja wie bei einem Katastropheneinsatz«, sagte ich.

»Das war es ja auch.«

Er sei mit dem Motorrad nach Genf gefahren und habe vor ihrer Tür gewartet.

Ich wollte es wissen. Immer schon hatte ich wissen wollen, wie unser Vater zu einer neuen Frau gekommen war. »Wie hat er dich überredet?«

»Man muss nicht alles erklären«, sagte sie. »Willst du nicht doch eine mit mir rauchen, ich hätte nicht so ein schlechtes Gewissen.«

»Ein noch schlechteres würdest du haben, weil ich dann wieder anfange damit!«

Unser Vati heiratete wieder, und er kam wieder auf die Beine. Onkel Lorenz, der ihm auch das Zimmer bei den Barmherzigen Schwestern vermittelt hatte, vermittelte ihm nun eine Stelle beim Finanzamt. Und weil er Matura hatte und darüber hinaus gescheit war, stieg er auf und wurde schließlich, das heißt nach ein paar Jahren, der Leiter der Personalabteilung. Er holte seine vier Kinder zu sich, Gretel, Renate und mich und Richard, und er zeugte noch einen Sohn und eine Tochter. Wieder war es eng. Wieder eine Wohnung im Vorkloster, nicht weit von der Südtirolersiedlung, vier Zimmer.

Jedes Mal, wenn mir beim Schreiben das Wort »Stiefmutter« unterkommt, stocke ich und denke, ich muss das »Stief-« weglassen. Weil es ungerecht ist. Stiefmutter im Märchen, Stiefmutter in Witzen. Und ich ein schlechtes Gewissen ihr gegenüber habe, heute noch. Sie wollte, dass wir sie bei ihrem Vornamen nennen. Unser Vater wollte, dass wir sie Mutti nennen. Gretel stampfte auf. Ich stampfte auch auf. Und dann stampfte Renate auch auf. Richard sagte, er kennt sich gar nicht mehr aus, er will wieder zu Tante Irma. Sie wolle kein Ersatz sein und könne kein Ersatz sein, sagte sie. In einer Viertelstunde war die Luft voller Gift. Aber keine Einigung war da. Sie sagte, das sei doch alles absurd. Ich wusste nicht, was das Wort bedeutet, und schlug es in der Nacht im Lexikon nach und schrieb es in mein geheimes Vokabelheft. Gretel und ich und auch Richard vermieden es, sie anzusprechen. Renate sagte als Erste Mutti. Dann wir auch. Und wieder hatte ich ein schlechtes Gewissen und habe es bis heute, wegen unserer echten Mutti. Unser Vater nannte seine zweite Frau nie so. Er hätte zum Beispiel sagen können: Helft der Mutti in der Küche! Tat er nicht.

Oft besuchten uns Onkel Lorenz und Onkel Sepp, selten gemeinsam. Tante Kathe wohnte am nächsten, sie sahen wir kaum, nur an Geburtstagen und zu Weihnachten und an Neujahr. Wenn Onkel Lorenz da war, dann wurde diskutiert, über Politik – dass die Schwarzen nur auf ihre eigenen Leute schauen, aber dass die Regierung Gorbach auch bald den Bach hinuntergeht –, aber auch über Geschichte, Onkel Lorenz las keine Romane, er las nur Sachbücher, hauptsächlich historische Werke, über die Französische Revolution, über Bismarck, über Lenin, über die Nazizeit. Mein Vater hörte zu, kommentierte bisweilen kurz, widersprach selten. Sie tauschten auch Bücher aus, bei Onkel Lorenz konnte sich mein Vater darauf verlassen, dass er aufpasste. Ich durfte manchmal dabeisitzen, auf Abstand aber, reden durfte ich nicht. Ich staunte über die Art, wie Onkel Lorenz sein Wissen ausbreitete. Es hörte sich an, als ob er mit einem anderen im Wortwechsel wäre, obwohl er doch eigentlich monologisierte. Da konnte es sein, dass er sagte: »Ah, jetzt verstehe ich dich! So meinst du das!«, aber es hatte niemand etwas gesagt. Oder: »Dem halte ich Folgendes entgegen!« Aber wieder hatte niemand etwas gesagt. Es hatte Abende gegeben, da hatte nur er gesprochen, ausschließlich er, als ob wir anderen uns verabredet hätten, auch nicht einmal den Mund aufzumachen, und trotzdem sagte er, wenn er sich verabschiedete: »Danke, Josef, es ist so anregend für mich, mich mit dir zu unterhalten.«

Wenn Onkel Sepp uns besuchte, waren die Abende sehr still. Mein Vater und er spielten Schach. Ich weiß nicht, wer besser war, irgendwann war das Spiel beendet, und es wurde nicht gesagt, wer verloren oder gewonnen hatte. Und wenn sich Onkel Sepp verabschiedete, sagte er auch nichts, murmelte vielleicht. Vielleicht bedeutete das Murmeln: »Danke, Josef, es ist so anregend, mit dir zu schweigen.« Wie es dieser hübsche Mann mit den bescheidenen Manieren und der vollendeten Garderobe fertiggebracht hatte, eine Frau mit einer Karriere in der nahen Zukunft zu überreden, auf diese Zukunft zu verzichten und einen Invaliden zu heiraten, der vier Kinder hatte – ich kann darüber grübeln, bis die Sonne unter- und wieder aufgeht, draufkommen tu ich nicht! Er selbst hatte so wenig Glück! Da hat ihm sein Bruder Walter, der Frauenflüsterer, die Prostituierte abgegeben, mit der er sich eine Weile herumgetrieben hat, nicht als ihr Zuhälter, sondern als ganz normaler Liebhaber, und mein Onkel Sepp, der Schüchterne, hat diese Frau geheiratet. Warum hat er das getan? Onkel Lorenz hat ihn angebrüllt, es war bei uns zu Hause, Onkel Walter hat ihn angebrüllt, Tante Kathe hat ihn angefleht – nichts. Die Frau hat ihn unglücklich gemacht. Sie ist weiter auf den Strich gegangen, er wollte ihr Geld nicht, er hat ihr seinen ganzen Lohn gegeben und nur ein Taschengeld behalten, seine schönen Anzüge brachte er unserer Stiefmutter zum Ausbessern und Aufbügeln. Aber dann ließ er sich scheiden. Onkel Lorenz kam mit einer Fünfliterflasche Sekt, Onkel Walter mit einem Ferkel, unten am See haben wir gegrillt und Onkel Sepp hochleben lassen, aber nach einem Jahr hat er dieselbe Frau wieder geheiratet.

Und Onkel Walter? Er war der Mann, der die großzügigen Trinkgelder gab. Wenn er im Kaffeehaus nur einen kleinen Braunen konsumierte, machte sein Trinkgeld das Doppelte aus. Eine Anekdote berichtet, er sei einmal mit dem Zug nach Zürich, um sich dort ins Nachtleben zu stürzen, und dann sei kein Zug mehr gefahren, es sei aber nicht weit entfernt von Weihnachten gewesen und kalt, und er habe nicht warten wollen. Also nahm er ein Taxi. Der Fahrer sagte: Sie wissen schon, was das kostet, bis nach Österreich. Da habe mein Onkel Walter ein zweites Taxi herbeigewinkt, habe auf den Rücksitz seinen Hut gelegt und Anweisung gegeben, im Konvoi nach Hause zu fahren, vorne er, hinten sein Hut.

Vor etlichen Jahren war ich mit meinem Mann in New York. Dort fand ich bei einem Spaziergang durch Harlem in der 134. Straße, eingekeilt zwischen einem Barbershop und einem Waschsalon, eine Treppe, die zu einem Geschäft hinunterführte. Über der Tür stand: *Mystery Men*. Dunkel war es dort, und erst musste ich mich gewöhnen. Es roch staubig. Regale waren an den Wänden aufgereiht, standen aber auch mitten im Raum, darauf lagen Figuren und Teile von Figuren, Arme, Beine, Köpfe, aus Holz, aus Ton, aus Eisen, auch aus Plastik. Ganz hinten drang ein wenig Licht durch ein schmales Fenster. Ich sah den gebeugten Rücken eines Mannes.

Ich sagte: »Hallo?« Ein paarmal rief ich nach dem Mann, ehe er sich umdrehte. Er war sehr alt und schwarz, sein Schädel kahl und glänzend.

Ich fragte, ob ich mich umsehen darf.

Er sagte: »No, no! Forbidden!« Zugleich bedeutete er mir, näher zu treten.

Mein Mann war mir gefolgt, war aber an der Tür stehen geblieben. Er gab mir Zeichen. Ich solle kommen. Ich schüttelte den Kopf.

Der alte Mann nahm meine Hand und führte sie über die Tischfläche, hin und her, hin und her. Als ob er blind wäre. Schließlich nahm er einen Gegenstand aus einem der Regale, griff einfach danach, ohne hinzusehen, und legte ihn in meine offene Hand: eine Figur. Gerade so groß wie die Spanne vom kleinen Finger zum Daumen.

»Little dad, very old«, sagte der Mann.

Die Figur war aus Holz und schwarz, fühlte sich seidig an, sehr glatt. Der Kopf war rund bis auf die Gesichtshälfte, die flach war, mit geschlossenen Augen, Nase, Mund, eingearbeiteten Ohren, fester Hals, die Schultern abfallend wie eine Pelerine, die Brust, die Arme, Hände mit feinen Fingern, der schmale Leib, ein kleiner Penis, kurze stämmige Beine mit Füßen ohne Zehen. Der Mann nahm die Figur wieder aus meiner Hand, stellte sie auf den Tisch und drehte sie. Ich sah die Rückseite, glatt mit vorstehendem Gesäß, die Waden, die Fersen.

Ich fragte nach dem Preis. Er war so hoch, dass ich dachte, ich hätte mich verhört. Ich dankte und ging zum Ausgang.

Ich hörte ihn rufen: »Lady«, sagte er, »come on, I will redeem you!«

Mein Mann wartete an der Tür und gab mir wieder Zeichen. Wir beide waren zu dieser Zeit sehr dünnhäutig, weil unsere Tochter gestorben war – bei einem Ausflug von einem Stein erschlagen. Der Alte streckte mir die Figur entgegen. Den Preis, den er nun nannte, konnte ich bezahlen. Bevor ich mein Geld aus der Tasche nahm, gab ihm mein Mann einen Schein, mehr als verlangt, und zog mich aus dem Geschäft.

Bei Licht betrachtet, glänzte die Figur, einmal hielt sie mein Mann in den Händen, einmal ich. So gingen wir zurück nach Süden zu unserem Hotel in der 42. Straße Ost, wenige Schritte vom UNO-Gebäude entfernt. Wir lachten über den winzigen Penis. Während unseres Weges wechselten wir uns mit der Figur immer wieder ab, einmal schmeichelte sie seine Hand, dann wieder meine. In der Nacht legte ich sie auf mein Kissen. Ich umfasste den glatten Kopf und schlief ein.

Ich sagte zu meinem Mann, wenn ich sterbe, musst du mir die Figur in den Sarg legen. Einmal schüttelte ich zu Hause meine Bettdecke aus, da fiel die Figur, die ich den »kleinen Papa« nenne, aus dem Fenster. Ein Fuß war abgebrochen. Ich war untröstlich, weil ich den Fuß nicht finden konnte. Die Figur war in das grobe Kies gefallen.

Irgendwann, zufällig, fand mein Mann den Fuß. Er klebte

ihn an das Bein, und seitdem beschütze ich den kleinen Papa, und er beschützt uns, so hoffe ich. Wir telefonieren mit unseren Kindern, mit Oliver, Undine, Lorenz, und wir sprechen oft von Paula.

»Du schämst dich doch mit mir!«, sagte mein Vater. Wann war das? War ich fünfzehn? Oder schon sechzehn? Älter nicht. Wir wohnten mit ihm und der Stiefmutter zusammen – manchmal gut, manchmal schlecht, manchmal schlecht, manchmal gut. Er schob sein Fahrrad an den Straßenrand. »Fahr du vor«, sagte er.

Ich mit meinem Rad stellte mich hinter ihn, es war Sommer, ich trug ein Kleid mit Rosenmuster und war barfuß in Sandalen.

»Jetzt überhol mich endlich, fahr doch endlich!«, schimpfte er. Er stand in seinen ewigen Hosen da, sein rechtes Bein steif. Er konnte gut damit Rad fahren, bewegte nur einen Fuß, der steckte in einer Schlaufe, sodass er drücken und ziehen konnte, das andere Pedal ließ sich nicht drehen.

»Fahr doch du!«, sagte ich. »Machen wir ein Rennen! Wer schneller beim Sanatorium ist!«

Ein Rennen auf der Straße durch den Wald, wo einem die Bäume zunickten. »Wehe, du lässt mich gewinnen«, schimpfte er weiter, »dann ist es aus mit der Freundschaft.« Und das meinte er ernst. War denn mein Vater mein Freund? Fast hätte ich ihn das gefragt.

Ich überholte ihn, was kinderleicht war, mein Rock flatterte an seiner Lenkstange vorbei. Ich hörte ihn hinter mir schnaufen und fuhr ein wenig langsamer. Er schloss auf.

»Soll ich dir einen Traum erzählen, den der Dichter Gustave Flaubert aufgeschrieben hat?«, keuchte er.

»Muss das sein?«, sagte ich. Ich hörte ihm gerne zu, er wusste sehr viel. Aber ich widersprach ihm auch gern.

»Ja, meine Dame, das muss sein!«, sagte er.

»Mitten in einem Fahrradrennen willst du mir den Traum von einem Dichter erzählen?«

»Ja, das will ich. Mitten in einem Fahrradrennen.«

Wir fuhren langsamer und so dicht nebeneinander, dass er Mühe hatte, das Gleichgewicht zu halten.

»Halt Abstand!«, befahl er. »Hörst du zu?«

»Ich bemüh mich.«

»Vielleicht doch lieber nicht.«

»Gut, dann nicht.«

»Wär aber interessant.«

»Dann erzähl endlich!«

»Also, Flaubert ging mit seiner Mutter in den Wald, und dann kamen Affen und umringten sie. Es wurden immer mehr. Einer von ihnen streichelte Flaubert, der sich sehr fürchtete. Er nahm sein Gewehr und schoss ihm in die Schulter. Der Affe blutete und fiel zu Boden. Da sagte seine Mutter zu ihm: Warum wohl hast du das gemacht, er war zärtlich zu dir, er wollte dein Freund sein.«

»Und warum erzählst du mir das jetzt?«, fragte ich.

»Es passt gerade so gut zu uns und dem Wald.«

Wir fuhren weiter. Nebeneinander fuhren wir, redeten nicht. Bauarbeiter besserten die Straße aus und pfiffen mir nach. Das hatte ich total gern, weil ich mir dann so lässig vorkam.

»Du solltest«, sagte mein Vater, »beim Radfahren Hosen anziehen, das eignet sich besser.«

»Wofür besser?«

»Dafür, nicht aufzufallen.«

»Ich falle gern auf. Außerdem gibt es auch Hosen, in denen man auffallen kann.«

»Schämst du dich für mich?«, fragte er nochmals.

»Erzähl mir«, sagte ich, als wir auf der Bank vor dem Sanatorium saßen, »was dein Flaubert sonst noch zusammengeträumt hat.«

»Zum Beispiel war er sich gewiss, dass Verrückte und Tiere eine Vorliebe für ihn hätten.«

»Wegen dem Affentraum?«

»Wahrscheinlich wollte er sich nur wichtigmachen. So wie du.«

Da kam gerade der Adam mit dem schiefen Kopf auf uns zu, der war ein echter Verrückter. Speichel rann aus seinem Mundwinkel. Er sagte etwas, was ich nicht verstand. Mein Vater reichte ihm sein Schnäuztuch, und der Adam wischte sich den Mund ab und gab es zurück.

»Erzähl mir, was dein Flaubert noch alles träumte!«, sagte ich.

»Er stellte sich vor, er sitze zusammen mit einem Löwen in einem Käfig, der Löwe nämlich hatte Flauberts Wörter gefressen, und Flaubert wollte den Löwen überreden, die Wörter wieder auszuspucken.«

»Und, hat er sie ausgespuckt?«

»Ich nehme an, ja.«

»Und weiter?«

»Nichts weiter.«

»Was nichts weiter?«

»Nein«, stammelte er, auf einmal stammelte er. »Du musst entschuldigen … nichts weiter … es ist ein beschämender Unsinn …«

Wie er saß, an der Kante der Bank, wie sein Blick schweifte, so konnte ich sehen, dass er eigentlich etwas ganz anderes sagen wollte, die ganze Zeit über schon. Alles wirklich Wichtige kann er nicht sagen. Er muss ein Buch dazwischenschieben. Immer. Diesmal aber findet er keines, das passt. Der Flaubert, der passt doch nicht. Er schämt sich vor sich selbst für sein Gerede, für den beschämenden Unsinn. Sein Blick schweifte und streifte mich, und da stand plötzlich seine Verzweiflung vor mir. Und alles war kein Spiel mehr. Mein Herz pumperte und nahm einen Satz um Jahre voraus, vor einer Viertelstunde erst war ich ein Kind gewesen, das an einem Fahrradrennen mit seinem Vater eine hämische Freude hatte, das war nun kindisch weit weg hinten. Nur ein Wort von mir, dachte ich, eine Bewegung von mir, und alles ist wieder, wie es war, und er schweigt. Oder er fängt wieder von seinem Flaubert an. Ich wusste nicht, ob mir das lieber wäre.

»Monika«, sagte er.

Ich nehme vorweg: Dabei blieb es. Er hat sich gewunden, und ich konnte ihm nicht helfen, und er konnte sich nicht helfen. Was passiert mit einem Kind, wenn der Vater zu einer Lebensbeichte ausholt – oder wie soll ich etwas nennen, von dem ich keine Ahnung hatte? Das ist doch wie eine Zertrümmerung. Da kann man doch hinterher nicht mehr Papa sagen oder Vati. Ich hatte Angst, ich würde mich vor ihm ekeln. Soll ich hinterher Josef zu ihm sagen? Es ist doch so, wenn der Vater das kleine Wort »ich« ausspricht und auch wirklich und wahrhaftig »ich« meint mit dem ganzen Drum und Dran, dann beginnt das Kind zu zittern. In seiner Kleinheit im Kloster war er größer gewesen. Warum macht ihn klein, wenn er »ich« sagen will? Er würde darüber hinaus ein weiteres Wort nicht finden, das befürchtete er – ich finde ja auch kein Wort und fand keines. Ich hätte davonrennen wollen, bis zur Erschöpfung. Allein die Art, wie er meinen Namen aussprach, brachte ihn in eine Zwangslage. Und ich? Ich jetzt? Dass mir kein anderes Wort als »Zwangslage« einfällt, darüber könnte ich heulen vor Hilflosigkeit, wär's doch nur aus Papier, das Wort, dann würde ich es zerknüllen und weit von mir werfen in den Gully. Mein Mann sitzt einen Stock tiefer über seinen Sachen, ich rufe ihn am Handy an und frage: »Hast du je deinen Vater weinen sehen?« Er braucht gar nicht nachzudenken. »Nein«, sagt er, »natürlich nicht.« Was nützt mir das. »Trinkst du einen Kaffee mit mir?«, frage ich.

Wir erinnern uns, als wir, das ist schon sehr lange her, in Lindau in einem Blumengeschäft seinen Vater und dessen Geliebte trafen. Ich war damals noch mit meinem ersten Mann verheiratet, wir waren über die Grenze nach Lindau gefahren, damit wir niemanden treffen, der uns kennt. Und dann treffen wir seinen Vater, gerade als er seiner Geliebten Blumen kaufen will. Wir haben uns gegenseitig vorgestellt und etwas gesagt, jeder etwas. Am Abend habe ihn sein Vater angerufen und vorgeschlagen, er solle ihn besuchen kommen, es gebe einiges zu besprechen.

»Was habt ihr besprochen?«, frage ich meinen Mann. »Du hast es mir nie erzählt.«

»Nichts.«

»Was nichts?«

»Er hat drei Kilo Weintrauben gekauft und hat gesagt, die waren billig, die müssen gegessen werden, sonst werden sie schlecht.«

Die Mutter meines Mannes lebte damals noch, sie war in einem Pflegeheim.

»Wann«, frage ich, »hast du nicht mehr Papa zu ihm gesagt, sondern ihn bei seinem Namen genannt?«

»Das weiß ich nicht mehr.«
»Seit diesem Tag?«
»Nein, schon vorher.«
Was denn los sei, fragt mein Mann, und ich erzähle ihm, dass ich mit fünfzehn oder sechzehn, älter nicht, fürchtete, ich würde nun auch meinen Vater verlieren, nicht durch Tod, sondern, weil er mich auf einmal nicht mehr wie sein Kind behandelte, sondern wie – »… wie eine Freundin, eine Vertraute, der man Sachen sagen kann, die man sonst niemandem sagt«.
»Und?«, fragt mein Mann. »Hat er? Hat er auch Geheimnisse gehabt wie mein Vater?«
»Warum Geheimnisse?«, frage ich.
»Weil ich glaube oder mir ziemlich sicher bin, dass mein Vater nicht nur eine Geliebte hatte.«
Ich hatte nicht das Geheimnis oder die Geheimnisse seines Vaters gemeint, meiner und seiner sind nicht zu vergleichen, meiner hatte keine Geheimnisse, ganz sicher hatte er keine Geliebte und schon gar nicht mehrere. Nicht Geheimnisse waren es, worüber er mit mir sprechen wollte und nicht konnte, sondern – die Inventur seines Lebens. Im letzten Augenblick fiel ihm ein, dass ich erst fünfzehn war und seine Tochter, dass fünfzehn zu jung ist und die eigene Tochter nicht die geeignete Person, um ein Urteil über die Bestandteile eines Lebens zu sprechen.

Dreiundzwanzig Jahre später saßen Vati und ich im Zug von Berlin nach Hause. Nach dreiunddreißig Jahren hat er das Gespräch, das gar keines gewesen war, wieder aufgenommen. Auf der Hinfahrt nach Berlin hatten wir wenig miteinander gesprochen, über die Landschaft, über die ehemalige DDR, dass wir uns auf Renate freuen und gespannt sind, was sie uns alles in Berlin zeigen wird. Nun, auf der Rückfahrt, sagte er plötzlich:

»Monika.« Und ich wusste auf der Stelle, gleich werden wir das Gespräch führen, das wir vor dreiundzwanzig Jahren nicht geführt hatten.

Ein Gespräch wurde es nicht. Ich habe nur zugehört. Er hat gesprochen. Und es war nichts Neues, was er mir erzählte, kein Geheimnis, nichts Seltsames, nur sein Leben – mehr oder weniger –, und dass er es gehabt hatte, aber dass er, wenn er wählen könnte, ein nächstes Mal sich ein anderes aussuchen würde und dass ich deswegen bitte nicht gekränkt sein soll, weil es mich dann ja nicht gäbe, mich nicht, Renate nicht, Gretel nicht, Richard nicht, auch unsere Mutti nicht, die gäbe es schon, aber bei einem anderen mit anderen Kindern. Berlin hat ihm so gutgetan! Vom ersten Abend an, als wir in dem Schwulenlokal saßen und er so frei und herzlich gelacht hatte, wie Renate und ich ihn nie haben lachen hören. Und dann die Tage – von einem Antiquariat ins nächste, alle nahe beieinander, »wie gemacht für einen mit einem Humpelbein«. Nie in seinem Leben war er in einer so großen Stadt gewesen. Wo es so viele verschiedene Arten zu leben gibt. Als Einsiedler oder als Gatsby, als Schnorrer oder Grandseigneur, Staub von Büchern, Staub von der Straße, Staub auf den Schuhen, Staub in der Nase, Geschichte und keine Geschichte, Katastrophe und keine Katastrophe, Geschäfte, in denen man daunengefütterte Stiefel aus weißem Leinen für die Nacht kaufen kann. Renate und ich sind uns einig: Unser Vater war glücklich.

Damals, als ich fünfzehn war, nein, ich hätte mir diesen Mann in der großen Stadt nicht denken können.

Es begann die Zeit, in der mir alles an ihm missfiel. Wenn ich zurückdenke, kommt es mir vor, als hätte sich eine Krankheit in mir ausgebreitet, als wäre eine Infektionswelle durch mich hindurchgerauscht. Erst ärgerte ich mich nur über seine Hosen, die auch im Sommer viel zu dick waren, verdammt immer grau mit unten Stulpen und zu lang, dann meinte ich, seine Strickjacke in diesem undefinierbaren Gesamtblau bringe mich zur Raserei. Am Ende regte mich sogar auf, wie er Luft holte. Ich wäre gern nach Amerika ausgewandert, ich machte mir Notizen zu einem erlogenen Lebenslauf, ich wäre eine Wienerin, Vater Ingenieur, Mutter Modezeichnerin. Ich wollte einen Menschen erfinden, der in eine neue Zeit und in ein neues Land hineinpasste. Ich belegte einen Englischkurs und nahm neben der Schule allerlei Jobs an, erstens, damit ich so wenig wie möglich zu Hause war, zweitens, um bald für Chicago gerüstet zu sein. Alle meine Freundinnen und Freunde wollten nach Paris, und wenn sie von Amerika sprachen, dann von New York, ich wollte nach Chicago. Der Grund war, weil ich mich in die Romane von Saul Bellow verbissen hatte, zuerst in *Die Abenteuer des Augie March*, dann in *Herzog*, lange mein Lieblingsbuch. Dass mein Vater es gewesen war, der mir diesen Autor empfohlen hatte, das schob ich beiseite.

Und dann auf einmal war's vorbei. Ich war gesund. Geheilt von der Wutkrankheit. Er regte mich nicht mehr auf. Ich verdrehte nicht mehr die Augen, wenn er mich etwas fragte. Ich ärgerte mich nicht über ihn, ich bemitleidete ihn nicht, ich überschätzte ihn nicht, ich unterschätzte ihn nicht. Seine Art, Luft zu holen, störte mich nicht, und es fiel mir leicht, ihm recht zu geben.

Ich lernte meinen ersten Mann kennen, zog von zu Hause aus, heiratete, brachte zwei Kinder zur Welt, Oliver und Undine, lernte meinen zweiten Mann kennen, ließ mich scheiden. Meinen Vater und seine Frau besuchte ich selten. Wir bemühten uns.

Beide, er und meine Stiefmutter, waren sie schon pensioniert, als sie die schäbige Wohnung aufgaben und sich ein kleines Haus kauften, ein Glied in einer Siedlungsreihe, hinten hinaus ein kleiner Garten, ein Holunderstrauch, weil so ein Holunderstrauch Glück verheiße. Im Wohnzimmer ließ mein Vater an allen freien Wänden tiefe Regale anbringen, auf jedem standen in zwei Reihen Bücher, eine Reihe vorne, eine dahinter, nur zu ahnen, wenn ein größeres über ein kleineres ragte. Es wäre ihm lieber gewesen, wenn er sie alle, es waren inzwischen fast dreitausend, um sich gehabt und sich jederzeit die Rücken aller hätte ansehen können. So ein großes Zimmer aber gab es in dem Haus nicht, und meine Stiefmutter hatte darauf bestanden, dass die anderen Räume, das Schlafzimmer und ihr Nähzimmer, bücherfrei seien, auch im Stiegenhaus wollte sie keine haben. Mein Vater hatte nachgegeben und sich damit abgefunden, glücklich war er damit nicht. Aber nach dem Leben, das er geführt und das ihn so böse getreten hatte, waren sich die beiden am Ende doch nahegekommen. Es gelang ihm sogar, das auszusprechen, mir gegenüber, Gretel gegenüber, Renate gegenüber und auch ihr, seiner Frau, gegenüber.

Zu mir sagte er, unverhofft und aus jedem Zusammenhang: »Ich kann gut neben ihr liegen, und wir halten uns die Hand.«

Ich glaube, ich bin rot geworden. Was ich nie werde. Sie haben zwei Kinder, meine Halbschwester und meinen Halbbruder, aber Intimität zwischen den beiden war mir unvorstellbar. Zwischen unserer Mutti und ihm hatte ich mir schon als Siebenjährige Zärtlichkeiten vorstellen können, auch solche, die man nicht zeigt, gerade solche. Die man zeigt, die habe ich ja gesehen, damit haben sie auch nicht gespart, Hände halten, über die Wange streicheln, Küsse auf die Augen – Muttis Spezialität –, liebe Worte, Neckereien, alles leise und heimlich, aber doch offen, alles wie eine Vorankündigung auf das, was folgt, wenn die anderen weg sind.

»Warum sagst du mir das?«, fragte ich ihn.

»Weil ihr das wissen sollt. Ihr sollt nicht denken, ihr habt einen unglücklichen Vater und eine unglückliche Stiefmutter.«

Mit meinen Schwestern sprach er ähnlich. Aber mit jeder von uns sprach er einzeln. Mit den drei Töchtern aus seiner ersten Ehe zugleich zu sprechen, das wäre ihm wohl doch zu öffentlich erschienen. Aber er wusste ja, dass wir uns austauschen.

Gretel sagte: »Es ist doch noch alles gut geworden.«

Renate sagte: »In Wirklichkeit wissen wir gar nichts über ihn.«

Ich neige dazu, Renate recht zu geben.

Nach seinem Tod haben wir die Bücher untereinander aufgeteilt. Das hätte er nicht gewollt, das weiß ich. Er wünschte sich, dass sie beieinanderbleiben. Meine Stiefmutter schlug vor, die Bibliothek als Ganzes der Leihbücherei zu vermachen, ich glaube, das wäre auch in seinem Sinn gewesen. Aber dann wünschte sich Renate den *Großen Meyer* und Gretel die Kunstenzyklopädie, da wollte ich auch nicht leer ausgehen und sagte, ich hätte gern *Kindlers Literatur Lexikon* und so weiter, jeder nahm sich einen Brocken. Was übrig blieb, schenkte unsere Stiefmutter der Leihbücherei. – Aber ich greife vor …

Bald hatte sich im Dorf herumgesprochen, dass hier seit Neuestem ein Mann wohne, der sich gut mit Büchern auskenne. Der Bürgermeister, ein aufrechter Sozialdemokrat, dachte sich sogleich, der wäre ein geeigneter Kandidat für die Leitung der Leihbibliothek. Freudig nahm mein Vater sein Angebot an, um dann festzustellen, dass das Inventar eine einzige Enttäuschung war. Nicht ein Buch hätte er sich ausleihen wollen, nicht eines hätte er geschenkt haben wollen.

Damals gab es in Österreich eine Radiosendung, die hieß *Quiz in Rot-Weiß-Rot*, daran konnten sich Städte und Gemeinden beteiligen, es sollte herausgefunden werden, welcher Ort der gescheiteste war im ganzen Land. Der Bürgermeister meldete sich an, und seine Gemeinde schaffte die Kriterien. Bei einem seiner Besuche hatte der Bürgermeister gesehen, dass unser Vater den *Großen Meyer* besaß, nun fragte er, ob die Gemeinde die fünfzehn Bände ausleihen dürfe, mit diesem Werk hätte man einen gehörigen Vorteil und könnte vielleicht sogar das Quiz gewinnen. Unser Vater lieh den *Meyer* schwersten Herzens aus. Als er die Bücher zurückbekam, waren sie zerfleddert, sodass es ihn grauste, sie auch nur anzufassen. Sie waren ihm verdorben, am liebsten hätte er sie weggeschmissen. Der Bürgermeister, als er das Unglück unseres Vaters sah, war ebenfalls untröstlich. Um sein Gewissen zu beruhigen, schlug er vor, den Bestand der Leihbibliothek durch eine saftige Erhöhung des Budgets aufzustocken. Unser Vater rechnete mit einer etwas größeren Kleinigkeit. Dann aber war es das Zwanzigfache! Er fragte den Bürgermeister, wie er sich das vorstelle, welche Bücher für die Leser der Gemeinde geeignet wären. Der antwortete, und dabei stand er vom Küchenstuhl auf, zog an seinem Jackett und verkündete es in aller Form:

»Sie, Herr Helfer, als unser eifrigster und kompetentester Leser, sollen das frei entscheiden. Wählen Sie die Bücher ganz nach Ihrem Geschmack und Ihren Bedürfnissen aus! Es wäre für unsere Gemeinde eine Ehre.«

Unser Vater dachte lange Nächte nach. Seine Liste war umfangreich, und nicht ein einziges Werk war darunter, für das sich in der Gemeinde mehr als zwei Leser interessieren würden, wenn überhaupt einer. Nur Bücher, die ihn interessierten.

Bald darauf kam der Lieferwagen, Kartons wurden abgeladen, erst einer, dann ein zweiter, ein dritter und noch weitere. Mein Vater stand dabei, seine Hände zitterten. Er gab dem Fahrer alles, was er in der Geldtasche hatte, als Trinkgeld. Mehr, als Onkel Walter gegeben hätte.

Eine unglaubliche Erschöpfung überkam ihn, und er musste sich mitten in der Leihbibliothek auf den Boden setzen. Er begann, mit einem Messer die Klebstreifen der Kartons zu zerschneiden. Nach und nach stapelte er Bücher um sich herum, sodass er sich schlussendlich mitten in einem Bücherwall befand. Ein Buch nach dem anderen streichelte er, roch daran, öffnete es, nahm den Umschlag ab, um zu sehen, wie der Buchrücken gestaltet war, sah sich Bilder an, wo Bilder waren, las Zeilen. So verbrachte er den ganzen Nachmittag und den ganzen Abend. Es war kein Besuchstag, die Bibliothek hatte nur an zwei Tagen in der Woche geöffnet. Er saß so lange, und draußen dunkelte es schon ein, da klingelte das Telefon. Er stützte sich auf, versuchte aufzustehen, was mit der Prothese nicht einfach war, und humpelte durch die Bücherberge. Er verfing sich an einem Stapel, der fiel um und riss ihn mit. Unser Vater stürzte zu Boden und war tot. Die Freude war ihm zu viel gewesen. Er war siebenundsechzig Jahre alt geworden.

Wir alle haben uns sehr bemüht.